W0179875

Roland Albrecht

MUSEUM
der Unerhörten Dinge

Verlag Klaus Wagenbach   Berlin

Dank an Barbara Wagner

Die deutsche Erstausgabe erschien 2005 als *SVLTO*
im Verlag Klaus Wagenbach in Berlin. Einige Texte wurden für diese
Neuausgabe ausgetauscht.

Wagenbachs Taschenbuch 818

Umschlaggestaltung Julie August unter Verwendung verschiedener
Exponate aus dem Museum der Unerhörten Dinge. Das Karnickel auf
Seite 1 zeichnete Horst Rudolph. Gesetzt aus der Caslon Buch und
der Gill Sans. Reproduktionen: Roland Albrecht. Vorsatzpapier von
peyer graphic GmbH, Leonberg. Gedruckt auf Schleipen bei Pustet,
Regensburg. Printed in Germany. Alle Rechte vorbehalten

ISBN   978 3 8031 2818 8

Inhalt

**Das Fernrohr des Kolumbus oder
Wie das erste Exponat
in das Museum kam, als es das Museum
noch gar nicht gab**

Fünf Mark gab mir mein Vater mit auf den Klassenausflug. Das war zu der damaligen Zeit nicht wenig. Der Vater war ein besorgter Vater, sein Sohn sollte es gut haben, ihm sollte es an nichts mangeln, besonders sollte er keinen Hunger leiden. Es war die Nachkriegszeit, und wie in allen Nachkriegszeiten war die Erinnerung an den Hunger noch recht frisch. Von dem übrig gebliebenen, nicht aufgegessenen Geld konnte der Sohn ein Mitbringsel kaufen, ein Andenken an die Klassenfahrt, vielleicht einen Anhänger, eine Burg in Miniformat, die ihn später immer wieder an den schönen, interessanten Ausflug erinnern würde.

Ich war damals 11 Jahre alt. Es war ein Schulausflug zu den mittelalterlichen Burgen. Wir waren zwei Parallelklassen mit je einem Bus, von launigen Lehrern begleitet, die sich um die Disziplin der Schüler sorgten und dass niemand verloren geht. Das erste Ziel war die Burg Teck. Im Laufe des Tages kamen noch andere Burgen dazu, an die ich mich aber nicht mehr erinnern kann.

Wochen vorher lernten wir im Unterricht, was Ritter sind, wie deren Burgen aufgebaut waren, dass die Verteidiger auf die Angreifer kochendes Pech und Schwefel hinunterschütteten, um sie zu vertreiben, wie die Belagerer wiederum unter Einsatz von Katapulten schwere Steine und Eisenkugeln auf die Burg schossen und mit Rammböcken die Tore malträtierten, bis die Tore krachten, zersplitterten und die Burg erobert werden konnte. Im Werkunterricht bauten wir solche Geräte nach. Ich baute zuhause mit Hilfe meines Vaters, er baute viel eifriger als ich, einen Rammbock an drei Ketten, und ich war überzeugt, dass diesem Rammbock kein Tor, und sei es noch so stabil, standgehalten hätte. Er war ja auch von meinem Vater gebaut.

Die Busse hielten zum Pinkeln, zum Essen, zum Füße Vertreten, zum Burg Anschauen. Schon beim ersten Halt beobachtete ich einen Jungen aus dem anderen Bus, wie er immer wieder durch ein Fernrohr schaute. Ich beobachtete ihn genau. Er hatte ein vierteiliges, ausziehbares Messing-Fernrohr. Ein altes, schon seit langem benutztes Exemplar. Ich sah, wie er mit dem Fernrohr angab, sich mit ihm in Szene setzte, wie er sich selbst wichtiger nahm als das Fernrohr. Ich sah, wie lieblos er mit dem Fernrohr umging, es nicht achtete, es nur benützte, um selbst beachtet zu werden.

Wie sollte ich den Jungen ansprechen? Ich hatte keine Freunde in der Schule. Alle meine Freunde waren nach dem letzten Schuljahr von der Volksschule auf das Gymnasium gewechselt, mich behielt man in der Volksschule, weil ich nicht gut genug war und weil ich das Einzelhandelsgeschäft meines Vaters übernehmen sollte, und als Kaufmann muss man rechnen können und kein Latein oder Griechisch. So fühlte ich mich allein, einsam, isoliert, hatte vor den anderen Angst, vor den Rabauken, die einen schubsten, kniffen, schlugen – bevorzugt zwischen die Beine. Wie sollte ich den Jungen mit dem Fernrohr ansprechen, wie sollte ich je dem Fernglas näher kommen?

Ich spürte, dass der Junge das Fernrohr nicht wert war, ja, schlimmer noch, dass er das Fernrohr gefährdete. Wie sollte es mir gelingen, das Fernrohr, das ich als etwas Besonderes erkannte, aus seiner Unachtsamkeit zu befreien, aus seiner unwürdigen Behandlung zu retten? Bei einem der nächsten Halte gelang es mir, in die Nähe des Fernrohrs zu kommen. Ich blieb unauffällig stehen, ließ alle Buben an mir vorbeigehen. Als der Junge mit dem Fernrohr auftauchte, ging ich einfach mit. So sah ich das Fernrohr zwei Meter neben mir, ich war ihm nah und meine Ahnung um die Bedeutsamkeit des Fernrohres wurde bestätigt.

Für die von meinem Vater mir mitgegebenen fünf Mark kaufte ich ihm, dem ahnungslosen, nichtswürdigen Angeber, das Fernrohr ab. Wie ich das hinbekam, weiß ich heute nicht mehr, es war alles so aufregend. Wahrscheinlich hat mich der Mut eines Verzweifelten stark gemacht und ich sprach ihn an, schlug ihm das Geschäft vor, meine fünf Mark, die bare Münze, gegen sein lumpiges, altes, abgewetztes Fernrohr. Er bekam mein Geld und ich sein Fernrohr. Ich erinnere mich nur noch, dass ich nicht durch das Fernrohr schaute. Das war auch nicht nötig, ich wusste ja, was ich hatte.

Als ich das Fernrohr in der Hand hielt, wendete ich mich ab, wickelte es in mein kaum gebrauchtes Taschentuch und steckte es vorsichtig in meine Hosentasche. Ich weiß noch gut, dass ich ein sehr schlechtes Gewissen hatte, weil ich dies heute noch habe, wenn ich das Fernrohr sehe, dass ich mir wie ein Betrüger vorkam, weil der Junge nicht wusste, was er da gerade für lumpige fünf Mark verkaufte, was er aus der Hand gab, was ich ihm abluchste. Er wusste nicht, was ich wusste, was ich nun in meiner Hosentasche verbarg.

Es war nichts Geringeres als das Fernrohr des Christoph Kolumbus, durch das er das erste Mal Amerika sah. Ich wusste genau, als ob ich dabei gewesen war, dass Christoph Kolumbus am 12. Oktober 1492 steuerbords an der Reling stand, als er den Ruf hoch oben vom Mast hörte: »Land in

Sicht«. Ein Lächeln huschte über sein Gesicht. Mehr durfte er nicht zeigen, denn das hätten die Matrosen als Schwäche ausgelegt, und die Gefahr eine Meuterei war allgegenwärtig. Er gab Befehl, dem Land entgegenzusegeln. Nun lehnte er sich leicht über die Reling, holte sein Fernrohr aus der Kapitänsjacke, zog es sanft, gefühlvoll, auseinander, fokussierte es auf sein rechtes Auge und schaute hindurch. Das, was er sah, war Amerika, und Amerika schaute zu ihm zurück. Dann holte er seinen Sextanten, berechnete den Längen- und Breitengrad, ging unter Deck in die Kapitänskajüte und schrieb alles auf. Kapitäne schreiben immer alles auf. Er schrieb, dass er sein Ziel, Indien, erreicht hatte. Kolumbus wusste nicht, dass er Amerika entdeckt hatte, er meinte Indien zu sehen, aber das macht nichts, das kann jedem mal passieren.

Erst später, viel später, zuhause schaute ich durch das Fernrohr, da sah ich auch nicht Amerika, und auch nicht Indien, sondern nur den Garten des Nachbarn, aber das war ja zu erwarten.

Viele Jahrzehnte später gründete ich das Museum der Unerhörten Dinge, und als ich das Depot einrichtete, war das »Fernrohr des Kolumbus« das erste Artefakt, das ich an die Wand hängte.

Als ich damals, zurückgekommen vom Klassenausflug, das Fernrohr, stolz wie ich war, zuhause meinem Vater, dem Kaufmann zeigte, ihm meinen Schatz präsentierte, was ich Tolles, Wertvolles mit seinen fünf Mark gekauft hatte, schüttelte er besorgt, verständnislos seinen Kopf, sagte: »Jeden Tag steht ein Dummer auf, und mit dem muss man sein Geschäft machen«, drehte sich um und ging. Es dauerte lange, bis ich verstand, wie er das meinte, was ich aber sofort verstand, war, dass er und ich uns nicht verstehen können und dass, wenn das das Denken eines Kaufmanns ist, ich nie ein Kaufmann werden kann.

**Zwei Teile der Schreibmaschine,
auf der Walter Benjamin
seinen berühmten Essay
»Das Kunstwerk im
Zeitalter seiner technischen
Reproduzierbarkeit« schrieb**

Walter Benjamins Schreibmaschine, eine Reiseschreibma-
schine, ging kaputt und klemmte, als er auf einem Kurzbe-
such in Dresden war. Er hatte sich für vier Tage im Hotel
Neustädter Hof einquartiert. Bei diesem Zwischenhalt – er
war auf dem Weg nach Wien, wo er sich mit Karl Kraus
treffen wollte – besuchte er am ersten Abend Mary Wigman, um etwas über Tanz zu erfahren. Am zweiten Abend
traf er wieder mit ihr zusammen, um sich Ludwig Kirchner
vorstellen zu lassen, der für einige Tage Mary Wigman besuchte und anschließend, inspiriert von diesem Besuch, auf
seiner Schweizer Alp einen wunderschönen dynamischen
Balletttänzerinnen-Zyklus malte.

Tagsüber schaute sich Benjamin die üblichen Sehenswür-
digkeiten Dresdens an und schrieb an seinem Essay *Das
Kunstwerk im Zeitalter seiner technischen Reproduzierbarkeit*

weiter. Mitten in einem Satz des VIII. Kapitels blieb in der Buchstabenfolge ›Ka‹ bei dem Buchstaben ›a‹ die Schreibmaschine stehen, das Farbband klemmte.

Wie wir heute wissen, hieß das Wort »Kamera«.

Er brachte seine Schreibmaschine in der Dresdner Neustadt in der Böhmischen Straße 33 einem Schreibmaschinen-Schnelldienst zur Reparatur – und vergaß, vorher die angefangene Seite herauszudrehen.

Nach zwei Tagen, als er seine Schreibmaschine abholen wollte, wurde ihm erklärt, dass die Reparatur länger dauern würde, er hätte ein englisches Modell (eine Remington Portable), und die Ersatzteile – Muttern für die Farbbandbefestigung – müssten erst bestellt werden. Er könne aber für einen Aufpreis von 25 Mark eine generalüberholte Adler Transport bekommen. Er willigte ein und nahm die neue Schreibmaschine mit, wie auch seine bereits vermisste Manuskriptseite.

Auf dieser schrieb Benjamin mit der neuen Schreibmaschine weiter. Im Benjamin-Archiv in Berlin kann man anhand der Originalmanuskripte sehen, dass ab dem Wort »Kamera« ein neues, anderes Schriftbild anfängt, die Buchstaben sind etwas größer, und auch die Zeile ist verrutscht. Das angefangene ›Ka‹ strich er.

Für den damals sechzehnjährigen Sohn des Besitzers des Schreibmaschinen-Schnelldienstes, Karl Britschka, war es ein großes Ereignis, einen echten Schriftsteller kennengelernt zu haben. Er las das in der Schreibmaschine steckengelassene Manuskriptblatt, prägte sich den Namen und die Zeilen ein und kaufte sich Jahre später Schriften und Bücher von Walter Benjamin und fand die Stelle seiner Jugenderinnerung wieder.

Die Schreibmaschine wurde nie repariert, sie stand als Demonstrationsstück in der Werkstatt. Später wurde dort eine Schreibmaschinen-Manufaktur eingerichtet. Karl Britschka, inzwischen selbst Schreibmaschinenreparaturmeister, arbeitete zwar woanders, wohnte aber weiterhin in der Böhmischen Straße, der Straße seiner Kindheit.

Der Betrieb wurde 1979 geschlossen, das Haus war Verfall und Vandalismus ausgesetzt. Kurz vor dem vollständigen Abriss wurde das Gelände 1995 im Rahmen einer schönen Installation der Künstlerin Lubišć der Öffentlichkeit zugänglich gemacht. Karl Britschka besuchte das Gebäude und identifizierte die Fundstücke eindeutig als Teile der Schreibmaschine des Herrn Walter Benjamin; bis heute weist kein deutsches Schreibmaschinenmodell zwei Einhakungen und zehn Einrastungen auf, nur englische, wegen des ›th‹ und der fehlenden Umlaute. Es sind typische Zacken einer alten Remington Portable.

Literatur:

W. Benjamin, *Die Transaktion des Griffels zur Maschine,* nicht veröffentlichtes und verlorengegangenes Manuskript für *Die Aktion* von F. Pfemfert.

Ders., *Das Kunstwerk im Zeitalter seiner technischen Reproduzierbarkeit,* Frankfurt am Main 1963.

F. Kittler, *Grammophon / Film / Typewriter,* Berlin 1986.

Freiherr v. Rast, *Musik – Schönheit der Töne. Die Schreibmaschine als Musikinstrument,* Leipzig 1919.

Die Geschichte eines Kinder-Rennautos

1921 kämpft die bolschewistische Regierung um ihr Überleben. Im Süden erobern die konterrevolutionären »Weißen« immer mehr Gebiete, unterstützt von Frankreich, England und der USA, im Osten landen die Japaner, aber das Schlimmste ist, dass sie im Land selbst kaum Unterstützung hat, dass die Bevölkerung ihrem Treiben verständnislos zusieht.

Die Künstler, die von Anfang an auf der Seite der Revolution standen, wurden aufgefordert, sich voll und ganz für den Dienst der Revolution zur Verfügung zu stellen. Sie sollten ihre Staffeleien stehen lassen und dafür Propaganda-Bilder malen, die Schauspieler sollten auf das Land und in die Fabriken gehen, um die Ideen der Revolution zu verbreiten. Agitprop-Züge wurden ins Land geschickt; Schiffe und Lastwagen wurden fröhlich dekoriert, um die Bevölkerung zur Unterstützung der großen Veränderungen zu gewinnen. Die Künstler verwoben sich wie noch nie zuvor und nie danach eng mit der Politik. Sie stellten ihre ganze Fähigkeit der Revolution zur Verfügung. Leo Trotzki forderte die gesamte Künstlerschaft auf, »mit Aktionen die Phantasie des Volkes anzufeuern und die Idee der Revolution unauslöschlich in die Erinnerung des Volkes zu graben«.

Im Frühjahr 1922 auf dem 2. Jahreskongress der 1920 gegründeten Staatlichen Hochschule für Kunst und Technik (WChUTEMAS) präsentierten verschiedene Künstlergruppen Arbeiten für die revolutionäre Umgestaltung des Alltags. Revolutions-Keramik wurde besprochen, Embleme für Ministerien, Architekturentwürfe (Tatlins Modell des Monuments für die III. Internationale wurde diskutiert). Immer wieder wurde die Frage aufgeworfen, wie ein revolutionärer Alltag auszusehen hätte, wie revolutionäre Alltagsgegenstände zu entwerfen seien. Kasimir S. Malewitsch stellte den ersten Entwurf seiner suprematistischen Teekanne vor (gefertigt 1923 von der SPM). Die zentrale Auseinandersetzung ging um die Frage, ob eine neue Form funktional sein sollte oder ob ein revolutionärer Gegenstand sich der Funktionalität nicht zu unterwerfen hätte, was heißt, dass die revolutionären Dinge von ihrer Funktionalität befreit werden müssten und dass man nur noch auf die Interaktion der Formen achten sollte.

Die starke Fraktion der Suprematisten um Malewitsch setzte sich durch. Ausnahmslos alle Gegenstände sollten von nun an aus den Grundmotiven Kreis, Viereck, Rechteck und Dreieck geschaffen werden.

Als gemeinsames Werk wurde in einer Arbeitsgruppe, unter Leitung von Malewitsch, ein Rennauto konstruiert, ein Kinder-Rennauto, in dem alle Wesentlichkeiten der Revolutionssicht zur Geltung kommen sollten: die Schlichtheit der Form, die Reduzierung auf das Eigentliche, die Dynamik und die Symbolik der Farben.

Das Rot des Rennkörpers stellte die Macht der Revolution dar, die schwarzen Räder, die größer sind als der Körper, die Wucht der Bewegung, wobei die sichtbaren roten Achsen darauf hinweisen, dass die Räder der Dynamik des revolutionären Volkes folgen, und der weiße Kopf stellte die Unendlichkeit des Lenkers dar, die Schwerelosigkeit, in dem der Mensch sich in der Zukunft bewegen könne.

Der Einspruch eines Mitwirkenden, dass die Farbgebung die Stadtfarben einer süddeutschen Kleinstadt seien, wurde als kleinbürgerliche Ängstlichkeit abgetan.

Mehrere Exemplare wurden für den neuen experimentellen psychoanalytischen Kindergarten in Moskau angefertigt. Die Reaktionen der Kinder auf das neue Spielzeug wurden beobachtet und immer wieder zur Reflexion an das Künstler-Komitee gemeldet. Das Rennauto wurde als gelungenes Exemplar der neuen Form gelobt, von den Kindern geliebt und für eine Produktion in großer Stückzahl empfohlen.

Es kam nie in die Serien-Fertigung. Der spätere Stalinismus verbannte fast alle künstlerischen Ideen, so auch das Rennauto, es wanderte, wie so vieles, in ein geschlossenes Archiv in Moskau.

Erst 1988 im Zuge der Perestroika und von Glasnost unter Gorbatschow, als zum Teil geheime Archive geöffnet wurden, entdeckte die Kunststudentin Nataly Danko, eine Enkelin von Nataly Y. Danko, welche mit ihrer Schwester Elena Y. Danko auf dem Kongress von 1922 dabei war, das Rennauto. 1990 wurde das Rennauto von dem Spielwarenkombinat IV in Leningrad in die Produktion genommen.

Literatur:

Nina Lobanov-Rostovsky, *Revolutionskeramik*, Basel 1990.
Rosalda Nemilski, *Funktion von Kinderspielzeug*, Bremen 1999.

**Vom Stein,
der Thomas Mann animierte,
über die Erdenbrust zu schreiben**

Thomas Mann fand diesen Stein bei seinem Aufenthalt im Sommer 1925 am Strand von Ahlbeck auf Usedom. Er lag seitdem auf seinen diversen Schreibtischen und begleitete ihn durch die meisten Länder und Bücher.

»Liebe Gertrude, ... seit ich einen Stein am Strand gefunden habe, den ich mitnahm und heute in meiner Hosentasche wiederfand, ist mir wohler ...«

(aus einem Brief an Gertrude Rauf, Sommer 1925)

Für Thomas Mann muss dieser Stein große Bedeutung gehabt haben. Zu denken wäre an einen inspirierenden Fetisch, an eine Beseelung des Steines, an einen klassischen Übertragungsgegenstand oder Ähnliches. Dieser Stein lag auf allen seinen Schreibtischen rechts von ihm, ca. 20 Zentimeter vom Schreibtischrand entfernt. Für Thomas Mann symbolisierte er wohl die Brust der Muse. Er muss aber auch unter dem Stein gelitten haben, darauf deutet der Satz »ich kann von meinem Stein nicht lassen« hin, der in einem Brief an Arnold Schönberg aus dem Jahr 1938 enthalten ist. Es ist, durch die Erkenntnisse der Psychoanalyse, der Thomas Mann nicht ablehnend gegenüberstand, bekannt, dass ein Übertragungsgegenstand zwar Befriedigung, aber auch Verzweiflung durch ein Nicht-Sein-Lassen-Können erzeugt.

In Thomas Manns Werk tauchen immer wieder Hinweise auf diesen Stein auf: »Ihre Brust war so rund wie ein Stein«, »das Nährende eines Steines« (beide *Dr. Faustus*); »Er umfasste die Brust wie einen weichen Stein« *(Felix Krull)*; »die Warze des Steines« (Band 3 des *Joseph*-Romans); »sie ließ ihn an die Härte seiner Mutter denken« (*Die Buddenbrooks*) – und es ließen sich noch viele weitere Beispiele anführen.

Die größte Huldigung dieses Steines findet sich in Manns Spätwerk *Der Erwählte*; dort wird eine nährende Brust aus Stein zum zentralen Überlebensgegenstand. Zur Erinnerung: Bevor der Prälat Liberius und der Sextus Anicius Probus nach ihrem verwirrenden, weissagenden Traum auszogen, um den neuen Papst mit dem Namen Gregorius zu finden und ihn nach Rom zu führen, lebte dieser 17 Jahre auf einer kleinen, eigentlich unbewohnbaren Meeresklippe, auf einem kegelförmigen Riff, angekettet, büßend. Gregorius, Spross einer inzestuösen Beziehung eines Geschwisterpaares, der zusätzlich aus Unwissenheit seine Mutter heiratete und seine Frau/Mutter zweimal schwängerte, schwor, als er seinen doppelten Frevel entdeckte, als »Gottes größter Sünder« »der Menschen größter Büßer« zu sein, und verbannte sich selbst auf die Meeresklippe. Die Gnade fügte, dass diese Klippe keine gewöhnliche war; dort befand sich einer der Ausgänge der Brustdrüsen der Erdmutter, in der Urzeit die ›Nährsaftquellen‹ der frühen Menschheit, nun jedoch verkümmert. Dort, auf dieser einsamen steinernen Klippe, sickerte noch, fast schon versiegend, die süßliche Muttermilch aus einer der letzten kleinen Brustknospen. Von diesem Sekret des Steines, von diesem wärmenden Erdentrunk, lebte Gregorius 17 Jahre, sich selbst kasteiend, bis zu seiner Ernennung zum Papst.

Über drei Seiten hinweg beschreibt Thomas Mann in *Der Erwählte* ausführlich die Erdenbrust, und es kann angenommen werden, dass diese bekenntnishafte Verarbeitung seiner Hingabe an einen Stein nur in einem Alterswerk, im Zuge fortschreitender Altersweisheit umgesetzt werden und gelingen konnte.

Nach dem Roman *Der Erwählte* tauchen weder in Briefen noch in sonstigen Aufzeichnungen Thomas Manns Hinweise auf einen Stein auf, obwohl dieser noch lange Zeit auf seinem Schreibtisch lag.

Der Stein ist eine Leihgabe aus der Sammlung von Dorle Döpping, Berlin.

Literatur:

T. Mann, *Gesammelte Werke*, Frankfurt am Main 1974.
T. Mann, *Briefe 1889–1936*, Berlin und Weimar 1976.
M. Zuber, *Der Fetisch und seine Auflösung*, Gelsenkirchen 1991.

**Der Subfilm und seine Macht
über das Unbewusste**

Als Subfilme werden Filme bezeichnet, in denen vom menschlichen Auge nicht wahrnehmbare Bilder eingeschnitten sind, um eine unterschwellige Beeinflussung des Unterbewusstseins des Filmzuschauers zu erreichen, um seine Meinung zu beeinflussen und ihn zu manipulieren.

Der Republikaner Joseph R. McCarthy, der den ›Senatsausschuss gegen unamerikanische Umtriebe‹ von 1950 bis 1954 leitete und mit seiner antikommunistischen Hysterie die USA überzog, beauftragte im Frühjahr 1951 den aus Deutschland stammenden Bob Spencer, patriotische Filme zu entwickeln und zu produzieren, um die Gesinnung der Bevölkerung der USA zu festigen, sie für ein freies Amerika im Glück zu begeistern und zu befähigen, die lauernden Gefahren des Unamerikanischen zu erkennen und ihnen entschlossen entgegenzutreten.

Das Team um Bob Spencer machte sich sogleich an die Arbeit, und im Sommer desselben Jahres wurden die ersten Filme einem ausgewählten Publikum vorgeführt. Es waren Filme, in denen ein glückliches Amerika, ein schönes Amerika gezeigt wurde, ein Amerika der Natur, der Arbeit, der Familie, des Glaubens, ein Amerika des verfassungsmäßig garantierten Glücks. Der Betrachter dieser Filme sollte sich glücklich und dankbar fühlen, in solch einem Land leben zu können, leben zu dürfen. Er sollte angespornt werden, alles für sein Land zu tun, es zu schützen und zu lieben. Beim Betrachter eines solchen Filmes mussten all diese Überzeugungen gefestigt werden, unterschwellig aber sollte das Gefühl entstehen, dass das gezeigte Glück nicht umsonst zu haben sei, dass es ständig von den Gegnern des Guten bedroht sei, dass also jeder US-Bürger Acht geben und ständig auf der Hut sein müsse, stets bereit, gegen das Böse zu kämpfen. Er sollte auch bereit sein, das Böse in sich selbst zu erkennen und dagegen anzukämpfen, denn in jedem Bürger konnte der Feind den Samen der Zerstörung und des Zweifels bereits gelegt haben.

Diesen patriotischen Filmen, voll Gutem und Glück, voll Sonnenschein und Helligkeit, waren vom menschlichen Auge jene nicht wahrnehmbaren, verborgenen Bilder eingeschnitten, Bilder von Prostitution, von darbenden Menschen, die um Brot anstanden, Bilder von Geschlechtskrankheiten, Symbole wie Hammer und Sichel, Hakenkreuze, Bilder des Dunklen, des Bösen.

Das Bestreben eines solchen Filmes war es, den Zuschauer sich einerseits froh und leicht fühlen zu lassen, ihn andererseits aber auch ein tiefes Unbehagen erleben zu lassen, eine nicht zu lokalisierende Bedrohung. Und natürlich sollte der solchermaßen erkannte Feind umgehend zur Anzeige gebracht werden.

Die große Schwierigkeit dieser Filme bestand darin, das richtige Verhältnis von Glück und Bedrohung zu finden. Das Team um Bob Spencer forschte ausführlich, wie viele Bilder der Gefahren des Unheils in welchem Rhythmus untergebracht werden konnten, ob sie regelmäßig auftauchen sollten oder unregelmäßig, ob nur ein Bild oder bis zu drei Bilder (bis zu drei eingeschnittene Bilder sind für das menschliche Auge nicht zu erkennen, sie werden nicht bewusst wahrgenommen) eingeschnitten werden sollten. Experimentiert wurde mit 16-mm-Material.

Als 1954 die antikommunistische Hysterie abflaute, McCarthy für seine Machenschaften gerügt und abgesetzt wurde, löste man das Team um Bob Spencer auf, die Forschung wurde eingestellt, bevor auch nur ein Film einem breiten Publikum gezeigt werden konnte.

In den sechziger Jahren experimentierte die Werbewirtschaft noch einmal mit dieser Methode, aber ohne größeren Erfolg.

1965 ärgerte sich der schwedische Regisseur Ingmar Bergman über immer mehr Eingriffe der Zensur wegen angeblicher Obszönität seiner Filme, so dass er den Zensoren eins auswischte, indem er in seinen Film *Persona* im Epilog drei nicht wahrnehmbare Bilder eines erigierten Penis einschnitt.

Literatur:

T. Diddman, *Travels of the movie R. C. A.*, London 1974.
S. Nessel, *Vom Bildereignis zum Nicht-Sehen*, Berlin 2001.
S. Ollyconn, *The Image between the Images*, London 1963.
W. Pauleit, *Stehende und bewegte Bilder*, Berlin 1994.

**Die Erfinder der Buchstabensuppe
oder
Wie die Gebrüder Grimm
Köche wurden**

Das ging zu weit. Ein allgemeines Gemurmel durchzog den Raum, aus einem Hüsteln wurde ein Husten, und einige der deutschen Sprachgelehrten verließen den Konferenzsaal. Viele fragten ihren Nachbarn flüsternd: »Wer hat denn den wieder eingeladen, das kann doch nicht gut gehen«. Die Delegationen aus England und Slowenien bestanden auf ihrem Recht, ihren Redner selbst zu bestimmen, und luden Adam Algrim als ihren Hauptredner ein. Die internationale Tagung der germanistischen Linguistik, die alle vier Jahre eine andere deutsche Universität ausrichtete, tagte dieses Jahr in Marburg. Wie immer las sich die Liste der Versammelten wie das »Who is Who« der Germanistik. Bei der deutschen Delegation sorgte die Einladung von Adam Algrim im Vorfeld für Missstimmung. Adam Algrim war bei den deutschen Germanisten nicht beliebt, er galt mit seinen Theorien als Nestbeschmutzer, Nörgler und Quertreiber. Im Gegensatz hierzu hielt man ihn auf internationaler Ebene für einen originellen, klugen und genauen Wissenschaftler, von dem immer neue unkonventionelle Positionen zu erwarten waren. Seine auf Adolf Josef Storfer, *Wörter und ihre Schicksale* und *Im Dickicht der Sprache* basierende Schrift, *Die Wörter auf der Couch* fand international viel Beachtung, wurde aber von den Deutschen als »unwissenschaftlich«, »zu spekulativ«, »zu sehr Lyrik« abgetan.

Und nun hielt dieser Adam Algrim ausgerechnet einen Vortrag über die Gründungsväter der deutschen Sprachwissenschaft Jacob und Wilhelm Grimm. Der angekündigte Titel seines Vortrages *Vom Essen und Reden* hörte sich schon haarsträubend an.

Adam Algrim kam schnell auf den Punkt, nach fünf Minuten war der Skandal perfekt. Er bezeichnete die Gebrüder Grimm als die Erfinder der Buchstabensuppe und als Verfasser eines Buchstabensuppenkochbuches. Maßgeblich hätte ihnen die Buchstabensuppe geholfen, die Gesetzmäßigkeiten des Lautwandels von Vokalen und Konsonanten zu verstehen und so die Erforschung des Ursprungs von Wörtern und deren Bestandteilen zu betreiben. Aus einer Buchstabensuppe sei, sozusagen, die moderne Etymologie entstiegen.

Adam Algrim berief sich bei seinem Vortrag auf ein 2003 im brandenburgischen Müncheberg gefundenes, eng beschriebenes Heftchen, in dem die Grimms als die Erfinder der Buchstabensuppe beschrieben werden. Als Verfasser des Heftes wird ein gewisser Arnold Liebreich aus Berlin genannt, ein Nachbar der Gebrüder Grimm. Arnold Liebreich wohnte in der Linkstraße 8, die Gebrüder Grimm ab 1847 bis zu ihrem Tode in der Linkstraße 7. Arnold Liebreich beschreibt in dem einem Tagebuch ähnlichen Heft viele Begegnungen mit den Grimms, und wie sie sich rührend nach seinen fünf Kindern erkundigten, ihnen immer wieder neuentdeckte Märchen vorlasen und kleine Nudeln in Buchstabenform mitbrachten und sie ermahnten, viel davon zu essen. Damit sie die Sprache besser verstehen könnten, sollten sie sich frühzeitig Buchstaben einverleiben.

Liebreich berichtet, dass er öfter von den Grimms zu wissenschaftlichen Sitzungen eingeladen wurde, wie er da eine Suppe mit Buchstaben essen musste und mit vollem Mund Wörter nachsprechen sollte. In der Suppe hätten sich Buchstaben von bestimmten Wörtern befunden, und diese Wörter sollte er mit vollem, mit halbvollem und dann mit leerem Mund aussprechen. Die Grimms hätten sich die Lautverschiebungen, die dabei zu hören waren, aufgeschrieben und sie genauestens untersucht. Die Grimms berichteten ihm, dass sie mit dieser Methode der Herkunft von Worten immer näher kamen. Dass das Aussprechen der Worte mit den im Mund befindlichen Buchstaben der Erforschung der Exaktheit der Herkunft der Worte sehr dienlich sei. Die auf der Zunge liegenden Buchstaben der Wörter würden erheblich zur Bestimmung ihrer Abstammung beitragen. Er erwähnt auch, dass sich die Grimms über die Redewendung »Mit vollem Mund spricht man nicht« lustig machten. Sie kommentierten die Redensart so, dass sich darin die Angst zeigen würde, welche man vor der Erinnerung der Wortinhalte hätte, es sei die gleiche Furcht wie die vor dem sich zu versprechen.

Adam Algrim berichtete bei seinem Vortrag über die Köchin der Grimms, über Martha Blaseitz, die eng mit einem Feinschmied namens Gotthelf Protschka zusammenarbeitete. Gotthelf Protschka fertigte die kleinen Ausstechformen für die Buchstabennudeln. Martha Blaseitz sagte ihm, was er noch alles zu verbessern hatte, damit die Formen küchentauglich seien.

Martha Blaseitz soll sich einmal bei dem Verfasser des Heftes, Arnold Liebreich, beklagt haben, dass die Grimms mit ihren Suppenexperimenten einen großen Verschleiß an Tischleinen hätten, dass sie ständig die aus ihrem Mund fallenden und auf den Tüchern kleben gebliebenen Buchstabennudeln mit der Hand extra entfernen müsse, bevor die Wäscherin sie waschen könnte.

Der Höhepunkt des Vortrages von Adam Algrim war, dass er ein Kochbuch für Buchstabensuppenrezepte aus dem Jahre 1854 präsentierte, das der Martha Blaseitz gewidmet ist. Sie wird dort als für die Forschung unerlässliche Person bezeichnet und dann werden 67 Rezepte beschreiben.

Dieses Kochbuch wurde im Zentralarchiv der deutschen Kochliteratur in Darmstadt entdeckt und trägt keinen Verfasser. Anhand vieler Details und im Vergleich mit den Aufzeichnungen des Herrn Arnold Liebreich, wie auch durch den Schreibstil, lässt sich das Buch eindeutig den Gebrüdern Grimm zuschreiben.

Danach legte Adam Algrim fünf unabhängige Gutachten bedeutender Sachverständiger vor, die die Echtheit bescheinigten.

Zum Schluss las er aus dem den Grimms zugeschriebenen Kochbuch *Der Lieben Marthas Suppen Kochbuch zur Einverleibung von Buchstaben, Wörtern, Sätzen und ganzer Märchen* das Rezept: »Zubereitung einer klaren Brühe mit Fleisch zum Zwecke der Erforschung der Worte« vor.

»Da die mit Fleischbrühe bereiteten Suppen und Saucen die besten, gesündesten und nahrhaftesten sowie auch demgemäß die wichtigsten für die Kochkunst sind, werden wir uns hier ausschließlich mit diesen beschäftigen und vor allen Dingen zeigen, auf welche Art man nach den Regeln und Grundsätzen der Wissenschaft eine gute, kräftige Fleischbrühe herstellt, um darin Buchstaben sichtlich und klar schwimmen zu lassen, um sie zum Zwecke der Sprachforschung schmackhaft auf die Zunge zu nehmen.

Die beste Brühe liefert das Rindfleisch, welches daher auch in größerer Quantität dazu benutzt werden muß als andere Fleischarten, weil es am meisten Nährstoff oder Osmazom enthält, das neben Fibrin oder Faserstoff, Gelatine oder Gallertstoff, Fett und Eiweiß der wichtigste unter den Bestandteilen des Fleisches ist.

Man nimmt also möglichst frisches, nicht zu fettes Rindfleisch (auf je 1 Liter Wasser 1/2 Kilogramm Fleisch), etwa die Hälfte so viel derbes Kalbfleisch, einige zerhackte Kalbsbeinknochen und Rindsmarkknochen, wäscht das Fleisch jedoch nicht, sondern wischt es nur mit einem sauberen Tuch ab, setzt es mit kaltem Wasser über gelindes Feuer und bringt das Wasser sehr langsam zum Kochen, wodurch zuerst der im Fleisch enthaltene Eiweißstoff ausgelöst wird und geronnen an die Oberfläche steigt, wo man ihn in Gestalt von Schaum erblickt, den man sofort sorgfältig mit dem Schaumlöffel abschöpfen muß, weil man sonst keine klare Brühe erhalten würde, diese aber zur Erforschung der Worte auf der Zunge unerlässlich ist.

Erst nach dem Abschäumen fügt man Salz und Wurzelwerk hinzu, aber weder Zwiebeln noch Gewürz, um der Brühe keinen starken Beigeschmack zu geben.

Um eine recht kräftige Brühe zu gewinnen, muß das Fleisch 6–7 Stunden gut zugedeckt ganz leise fortkochen, ohne zu sieden, damit nach und nach alle Nährstoffe herausgezogen werden und nichts als die zähen, lederartigen, saftlosen Fasern neben den Knochen zurückbleibt; hierauf schöpft man das Fett behutsam ganz und gar davon ab, seiht die Brühe durch ein Tuch und verwendet sie zu Suppen, indem man Buchstabennudeln hinzufügt, und beachtet darauf, wie die Worte, die nun auf der Zunge herumliegen, ausgesprochen werden.«

Literatur:

Adolf Josef Storfer, *Wörter und ihre Schicksale* und *Im Dickicht der Sprache*, Berlin 2003.
Adam Algrim, *Die Wörter auf der Couch*, London 2000.
Unbekannt, *Supp', Gemüs' und Fleisch. Ein Kochbuch für die bürgerliche Küche*, Darmstadt 1876.

**oder
Erste lesbische Hochzeit
aus dem Jahre 1950**

Am 15. August 1950, an Mariä Himmelfahrt, heiraten Lena Pachulke, geb. Tribukeit, und Gerd Pachulke im noch provisorischen und von Kriegsschäden gezeichneten Standesamt von Berlin-Charlottenburg. Das nach der Eheschließung obligatorische Hochzeitsfoto wurde im Fotostudio Sailer in der Zillestraße aufgenommen. Anschließend gab es im nahe gelegenen Traditionsgasthaus Wilhelm Hoeck (»seit 1892«) ein Mittagessen für 16 Personen. Den 15. August wählten sie als Termin, weil er genau zwischen ihren Geburtstagen lag.

Gerd Pachulke wurde als Gertraud Pachulke am 10. Mai 1925 im ostpreußischen Abschwangen, 40 km südöstlich vor Königsberg geboren. 1943 verließ sie ihr Elternhaus und ging nach Königsberg, wo sie im gutbürgerlichen Kaffeehaus Adler, Am Steindamm, Ecke Am Heumarkt, als Serviererin arbeitete.

Einen Monat nachdem sie ihre Arbeit aufgenommen hatte, lernte sie die im nur zehn Kilometer östlich von ihrem Heimatort am 21. November 1925 in Uderwangen geborene Lena Tribukeit kennen.

Fünf Monate später bezogen sie eine kleine gemeinsame Wohnung in der Michaelsstraße 7.

Lena Tribukeit arbeitete als Hausmädchen bei der Familie Noldenkothen, die ein bekanntes Schuhgeschäft in Königsberg führte. Der Familie Noldenkothen war es ganz recht, dass ihre Lena auszog, denn es stellte sich neuer Nachwuchs ein, und so konnte die älteste Tochter Mathilde das bisher von Lena bewohnte Zimmer übernehmen.

Königsberg war seit den zwanziger Jahren bekannt als Hochburg der Tribaden und Urninden. Selbst in den Zeiten des wahnhaften rassistischen Feldzuges gegen Andersartigkeit und Gleichgeschlechtlichkeit konnten sich kleine, versteckte Nischen erhalten. Frauen trafen sich, wenn auch für Außenstehende kaum erkennbar, gerne im Kaffee Adler, während für Männer kaum mehr ein öffentlicher Ort vorhanden war und sie sich fast vollkommen ins Private zurückzogen, um der Verfolgung zu entgehen.

Nur einem kleinen Kreis Eingeweihter war bekannt, dass Frau Tribukeit und Frau Pachulke ein unzertrennliches Paar waren. Dass zwei junge Frauen zusammen wohnten, war damals in dem Stand, in dem sie lebten, als Serviererin und Hausangestellte, durchaus üblich, niemand machte sich weitere Gedanken darüber.

Im Herbst 1944, als die russische Front immer näher auf Königsberg zukam und die ersten Flüchtlingstrecks schon in Richtung Westen gezogen waren, schlossen die beiden Frauen sich einem Zug mit 2000 Menschen Richtung Danzig an.

Am Abend des 15. April 1945 gelangten sie mit den letzten Passagieren auf das total überfüllte Lazarettschiff *Pretoria*, das schwer beschädigt vom Ostseehafen Hela auslief. (Die Pretoria mit ihren 16.662 BRT lief später als Pilgerschiff unter dem Namen *Gunung Djati* unter indonesischer Flagge.) Am 16. April kamen beide wohlbehalten, soweit man dieses Wort in solch einem Zusammenhang benutzen darf, in Kopenhagen an und wurden in ein Flüchtlingslager südlich der Stadt im heutigen Stadtteil Amager eingewiesen. Gertraud Pachulke verlor bei ihrer Flucht alle ihre Papiere, beim Sprung auf die Pretoria war ihr ihre Tasche entglitten und in die Ostsee gefallen. Lena Tribukeit konnte sich ausweisen und bürgte für die Identität ihrer Freundin.

Nun begann das Wirrwarr der Nachkriegszeit. Im Frühsommer 1945 kamen beide nach Lübeck, von dort in ein Auffanglager nach Köln, von dort nach Sindelfingen, wo sie bis 1949 blieben und als Aushilfen im dortigen Krankenhaus arbeiteten. Gertraud Pachulke hatte immer noch einen behelfsmäßigen Ausweis, erst bei eindeutiger Feststellung ihrer Person sollte sie abschließend Papiere bekommen.

Im Jahr 1949 gelang es den Freundinnen, nach Berlin zu kommen, hier wollten sie einen Neuanfang wagen. Frau Gerd Pachulke erzählt noch heute mit einem Schmunzeln im Gesicht, wie sie in Köln aus Versehen einen Ausweis auf den Namen Gerd Pachulke bekam, nur weil sie kurze Haare trug und der Beamte nicht genau schaute, wie das Paar darüber lachte und beide gleichzeitig und unabhängig voneinander auf eine folgenreiche Idee kamen.

In Berlin suchten sie eine Wohnung in Charlottenburg und versuchten, sich mit verschiedenen Arbeiten durchzuschlagen. Die »Kölner Idee«, wie sie es nannten, ließ sie aber nicht los. Sie bekamen Kontakt zu sich neu gruppierenden und neu entstehenden Kreisen von Künstlern. Schwule zeigten sich wieder in geschlossenen Gesellschaften, es entstanden etliche Kontakt-Bars, wo sich die Überlebenden trafen, und auch neue Lokale für Frauen wurden eröffnet. Das Ganze war in Berlin eingebettet in einen großen Kreis von Anderslebenden, Überlebenden, von Künstlern, Schwulen und Lesben. Aus diesem Milieu heraus entstand auch die legendäre Kneipe *Leierkasten* in Kreuzberg in der Zossener Straße.

Von Oskar Huth, der während des Faschismus sehr akribisch Ausweise gefälscht hatte, die echter waren als die echten, und nun in der Nachkriegszeit sehr gute Lebensmittelkarten herstellte, bekamen sie alle nötigen Papiere, um heiraten zu können. Die von Gertraud Pachulke waren auf Gerd Pachulke ausgestellt, sogar eine Bescheinigung, dass Gerd Pachulke in Königsberg unabkömmlich war und daher nicht an die Front musste, wurde ihr mitgegeben.

»Warum wir unbedingt heiraten wollten, weiß ich auch nicht mehr«, sagt Frau Gerd Pachulke heute, »aber irgendwie hatten wir von dem Umherziehen die Nase voll und wollten zumindest für uns zwei eine Sicherheit haben. Irgendwie war es aber auch zu einer fixen Idee geworden. Wir haben es im Übrigen nie bereut.«

Am 15. August heirateten sie. »Es war eine Traumhochzeit, die wir hatten, und wir wollten unbedingt ein echtes Hochzeitsfoto von uns haben«, erinnert sich heute Gerd Pachulke.

Das frisch gebackene Ehepaar übernahm 1954 einen Zeitungskiosk in Wilmersdorf, den es bis 1984 gemeinsam führte. Zu ihren Geburtstagen trafen sie sich oft mit Freunden, die um sie wussten, im ostpreußischen Lokal Marjellchen, in der Mommsenstraße 9, um die heimatlichen Zodderklopse mit Kartoffelkeilchen zu essen.

Auf die Frage, ob sie nie Angst gehabt hätten, entdeckt zu werden und dass der ganze Schwindel einmal auffliegen könnte, antwortet Frau Gerd Pachulke mit einem kurzen »Nö«.

In der Nacht zu ihrem 52. Hochzeitstag verstarb Lena Pachulke nach kurzem Leiden 77-jährig zuhause in den Armen ihrer Geliebten; auf dem Friedhof Wilmersdorf hat sie ihre letzte Ruhe gefunden.

Frau Gerd Pachulke, die in einem Seniorenheim in der Nähe wohnt, besucht das Grab zwei- bis dreimal in der Woche. Auf dem Grabstein steht

Lena Pachulke	Gertraud Pachulke
geb. Tribukeit	gen. Gerd
* 10.5.1925	* 21.11.1925
† 14.8.2002	†

Ruhet in Frieden, wie Ihr in Frieden gelebt habt.

**Wie das Edelweiß
zu seiner Berühmtheit kam
oder Die Blume der Gräfin
Maria Franziska zu Dornbirn**

Im Sommer 1717 besuchte die gerade 18 Jahre junge Gräfin Maria Franziska zu Dornbirn den kleinen, dem Bistum Salzburg angehörenden Bauernort Matrei im heutigen Osttirol. Matrei, am Südfuß der Hohen Tauern, eingezwängt zwischen dem Großvenediger und dem Großglockner, war schon zu Zeiten der Römer bewohnt. Auf die Grundmauern eines Kastells wurde das bei Matrei gelegene Schloss Weißenstein gebaut.

Die junge Gräfin zu Dornbirn hielt im nahe gelegenen Schlosse zu Lienz Hof. Sie liebte solche Repräsentationsreisen nicht, sie sehnte sich nach Wien zurück, zu den Empfängen, Theatern, Konzerten und natürlich zu den vielen Bällen, auf denen sie umworben wurde. Seitdem sie nun in Lienz

33

war und jedes Mal, wenn sie in das düstere Tal von Matrei schaute, gruselte es sie vor dem Besuch bei den Untertanen.

Auch die Bauern in Matrei schauten ängstlich und nervös auf das bevorstehende Ereignis. »Wieder kommt so eine Französisch Sprechende mit ihren umständlichen Kleidern vorbei«, dachten die Bauern, »oh Herrgott, jetzt wird wieder so ein Umstand gemacht.« Ein vorausgeeilter Hofhalter erklärte ihnen streng, dass die Gräfin ihre leibeigenen Bauern treffen wolle, sie würde deutsch mit ihnen sprechen, das sei neu und modern und von der Kaiserlichen Hoheit ausdrücklich erwünscht. Alle mögen sich doch gefälligst etwas hoffertig herausputzen, ihr bestes Gewand anziehen und ja ein Geschenk für die Gräfin nicht vergessen. Er wusste, dass die Bergbewohner etwas einfältig, schwerfällig und stur waren, oft schroff wie die sie umgebenden Berge, daher betonte er eindringlich, dass sie an das Huldigungsgeschenk denken sollten.

Nun war der für alle unliebsame Tag gekommen. Die Gräfin erschien mit ihren sie begleitenden Kutschen. Ziemlich ramponiert sahen alle aus, denn auf dem Weg nach Matrei musste man einige Male den arg angeschwollenen Fluss Isel überqueren. Hofmarschall August Friedrich Khevenhüller, aus dem Geschlecht der Khevenhüller zu Riegersburg, leitete das Protokoll.

In der Pfarrkirche wurde Andacht gehalten und feierlich erklärt, dass man die Kirche umgestalten wolle (die Bauarbeiten wurden erst 1783 beendet). Es folgte ein Ausflug zum nahen Nikolauskirchlein, um anschließend in einem Zelt das Mittagsmahl einzunehmen. Danach sollten die Huldigungen entgegengenommen werden. Bis dahin verlief auch alles gut. Das Dorf war einigermaßen sauber gemacht, die Misthaufen etwas geordnet, die Kirchen geputzt, selbst die Bauern, die man zu sehen bekam, hatten ihre Sonntagstrachten angelegt.

Die Gräfin Maria Franziska zu Dornbirn setzte sich nun mit dem ganzen sie umgebenden Hofstaat vor das Zelt, und jetzt konnte das Volk vorgelassen werden. Ein allgemeines Hoch erklang, etwas gelangweilt zwar, aber nicht so, dass es zur Rüge Anlass gab. Jetzt sollte das Geschenk vom Oberbauern überreicht werden. Bei aller Aufregung vor dem Besuch hatte man aber gerade dieses vergessen. Hofmarschall Khevenhüller, der streng, aber auch verständnisvoll war, veränderte kurzerhand das Protokoll. Zuerst sollten die Bitten und Klagen angehört werden, und in der gewonnenen Zeit konnten die Bauern sich schnell ein Geschenk einfallen lassen.

Der Oberbauer gab, wie meist, wenn es brenzlig wurde, den Auftrag an seine Frau weiter, kniete sich vor die Gräfin, erzählte von den Großtaten der Herrschaft und von der Schwere der Arbeit der Bauersleute. Er bedankte sich unterwürfigst, dass sie, im Ermessen ihrer schweren Arbeit in dem rauen Alpental, nur einen Teil der Abgaben erfüllen mussten. Er erzählte von den Bergen, von den vielen Unfällen, den Lawinen und wie gottesfürchtig alles hier im Dorfe sei. Während seiner artigen und umständlichen Rede hoffte er inständig, dass seine Frau bald mit dem Geschenk auftauchen möge.

Diese beratschlagte sich währenddessen mit den anderen Frauen, sie entschieden sich für dieses und jenes, verwarfen es wieder, begeisterten sich für etwas anderes und waren dann wieder nicht davon überzeugt. So ging es hin und her, bis der Hofmarschall ausrichten ließ, dass nun das Geschenk zu bringen sei. Just im selbigen Moment kam der sechzehnjährige Bub Alois Rupert vom Hochbauer-Haus vorbei. Er kam von der obersten Weide, auf der er seit vier Wochen die Ziegen gehütet hatte. Daher wusste er gar nichts von dem hohen Besuch, wunderte sich nur über die plötzliche Sauberkeit Matreis. Er hatte einen großen Strauß Edelweiß bei sich, die auf der oberen Gamswiese zuhauf wuchsen. Der Strauß war für seine Mutter bestimmt, damit sie ihn in der Stube in den Herrgottswinkel stellen konnte. Für diesen Zweck war das Edelweiß sehr beliebt, es war pflegeleicht, welkte nicht, und Gießen erübrigte sich auch. Die Bäuerinnen in ihrer Verzweiflung kamen nun auf die Idee, den Buben loszuschicken, er solle seinen Edelweißstrauß der Gräfin überreichen.

Alois Rupert trat vor die Gräfin, fiel auf die Knie und überreichte ihr seinen selbstgepflückten Strauß Edelweiß. Der Hofmarschall flüsterte der Gräfin zu, dass jener Junge gerade erst von den Bergen ganz oben käme, dort oben hätte er, dieser demütige Bub, unter Lebensgefahr diesen Strauß Blumen gepflückt, nur für sie, er sei gerade erst heruntergekommen, daher sein unwürdiger, aber verzeihlicher Aufzug. Er flüsterte dies, aber der Bub konnte die Worte hören. Die Gräfin nahm den Strauß Edelweiß und musste nun, dem neuen Protokoll entsprechend, ein paar Worte in Deutsch an den Überbringer richten. »Schön sind Deine Blumen, Bub.«

Alois Rupert, schon immer ein aufgeweckter Junge, sagte trotz höchster Aufregung: »Die hab' ich für Eure Exzellenz gepflückt. Jeder Bub muss seiner Liebsten ein Edelweiß holen. So ist es Brauch bei uns von alters her.« Durch seine eigene Rede mutig geworden, wagte er noch mehr: »Das Edelweiß wächst dort ganz oben, wo's am gefährlichsten ist. Da oben, wo die Geier wohnen. Viele der Burschen, die ein Sträußlein holen, stürzen ab und werden nimmer gesehen. Für die Lieb muss er's holen, da geht ein jeder gern hinauf, bis hoch, wo der Schnee und die Dohlen sich paaren, dort auf ausgesetzten Felsenspitzen wächst das Edelweiß, dort ist's geschützt durch steile, schroffe Felsen, da lebt's, das Edelweiß, und nur die Mutigsten und Wagevollsten können's holen, die andern behält der Berg«. Ganz ergriffen durch seine eigenen Worte und bisher nicht unterbrochen, fuhr er fort: »Und den Strauß hier hab' ich pflückt, denn meine Lieb, wie unser aller Lieb, ist die Gräfin, die ich in meinem Herzen trag, für die ich die Blumen heut geholt.« Die Herrschaften waren ganz erstarrt von den vielen frechen Worten des Buben, aber zugleich ergriffen. Nun sprengte die Gräfin das Protokoll, indem sie das Wort noch einmal an den Buben richtete: »Schön hast des gesagt«, und sie drückte den Strauß Edelweiß an ihre Brust. Der Hofstaat applaudierte verhalten, und ein Hüsteln des Hofmarschalls beendete die Szene. Nun stieg man ein und fuhr zurück.

Während der ganzen Fahrt hielt die junge Gräfin das Edelweiß an ihre Brust, roch immer wieder an diesen weißen, moosigen, geruchslosen Blumen. Tage später, wieder in Wien angekommen, stellte sie den Strauß auf ihren Ankleidetisch und erzählte allen Hofdamen die Geschichte von dem Edelweiß und wie wichtig die Blume den Alpenbewohnern sei. Jede Hofdame erzählte es einer anderen und erfand noch ein paar Kleinigkeiten hinzu. Bald sprach der gesamte Hof nur noch von dieser Blume der Alpen, dem Edelweiß. Man erzählte sich, dass es in den Alpen extra Friedhöfe gäbe, auf denen nur die jungen Burschen lägen, die für ihre Angebetete gestorben seien. Dem Gerücht, dass das Edelweiß die einzige Blume sei, die die Sintflut überlebt habe, weil sie so hoch droben wächst, wurde von der Geistlichkeit nicht widersprochen. Immer mehr Apotheken führten alsbald ein Elixier aus Edelweiß, das die Manneskraft stärken sollte. Und noch viele andere Erzählungen und Wunderlichkeiten kamen in Umlauf.

Zwei Jahre später heiratete die Gräfin Maria Franziska zu Dornbirn den 23 Jahre älteren Fürsten von Parma. Es war eine diplomatische Ehe – wie es in den damaligen Zeiten und für ihren Stand angemessen war. Den Strauß Edelweiß bewahrte sie zeit ihres Lebens auf. Bei einer Besichtigung des Fürstinnenflügels im Stadtschloss von Parma kann man heute noch, von einem Glassturz geschützt, den Strauß Edelweiß auf einer Kommode entdecken.

Literatur:

M. Forcher, *Matrei in Osttirol. Ein Gemeindebuch zum 700-Jahr-Jubiläum*, Matrei 1980.
S. Márai, *Die Gräfin von Parma*, München 2002.
S. Müller-Funk, *Präzisierung der Sprache in der Alpenregion*, Wien 1993.
J. M. Walter, *Hegen und Gestalten des Alpengartens*, Hohenlohe 1965.

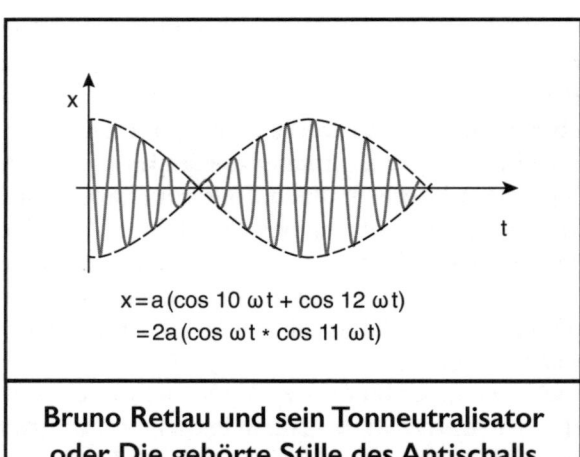

$$x = a\,(\cos 10\,\omega t + \cos 12\,\omega t)$$
$$= 2a\,(\cos \omega t * \cos 11\,\omega t)$$

**Bruno Retlau und sein Tonneutralisator
oder Die gehörte Stille des Antischalls**

Die Destruktive Interferenz, auch Antischall benannt, entsteht, wenn ein Schall, ein Ton, ein Geräusch, ob als angenehm oder störend empfunden, neutralisiert wird, indem er durch einen anderen Ton überdeckt wird, wobei als Resultat sowohl die ursprüngliche Quelle als auch der neu erzeugte Ton nicht mehr hörbar sind.

Zu erklären ist dieses Phänomen so: Jeder Ton, jeder Schall ist eine Welle, die sich in einer Schwingungskurve, einer Amplitude, ausbreitet. Setzt man nun auf diese Schwingung eine Antiamplitude, also eine identische Gegenschwingung, werden beide ausgeglichen und neutralisieren sich. Sie sind nicht mehr wahrnehmbar. Dem ursprünglichen Ton wird also ein neuer, negativ identischer entgegengesetzt. Das, was nun gehört wird, ist im wahrsten Sinne des Wortes die Stille, sozusagen eine tobende Stille, denn beide Töne, der ursprüngliche wie der neu erzeugte Gegenton, sind ja vorhanden, blockieren sich aber gegenseitig, so dass keiner mehr zum Zuge kommt. Das Resultat ist die gehörte Stille.

Bruno Retlau (1900–1984) war der Erste, der dieses Phänomen praktisch bearbeitete. Er wohnte in Berlin-Kreuzberg in der Methfesselstraße 7. Zwei Häuser weiter wohnte sein Freund Konrad Zuse. Bruno Retlau wohnte nicht wie Zuse bei seinen Eltern – er hatte eine eigene kleine Wohnung im Parterre. Beide waren etwas verrückte, sehr von sich überzeugte und eigensinnige Ingenieure; der eine wollte einen Universalrechner bauen, der andere ein Gerät für eine reine, störungsfreie Tonaufnahme und Wiedergabe. Im Gegensatz zu Konrad Zuse, der seinen aussichtsreichen Ingenieurberuf bei den Henschel-Flugzeugwerken, wo er den um zehn Jahre älteren Bruno Retlau kennengelernt hatte, aufgab, um bei seinen Eltern, von ihnen skeptisch, aber aufopferungsvoll unterstützt, in deren Wohnzimmer an seinem Rechner zu basteln, verfügte Bruno Retlau über ein kleines Vermögen, von dem er mehr schlecht als recht leben konnte. Er gab seine Stelle bei den Henschel-Flugzeugwerken ein Jahr später als Zuse auf, um sich ganz der Tonaufnahme und deren Wiedergabe zu widmen.

Die Methfesselstraße im Berliner Bezirk Kreuzberg ist eine bis heute mit Kopfstein gepflasterte Straße, die eine leichte, natürliche Anhöhe hinaufführt, eine Rarität im sonst so flachen Berlin. Oben, auf dem Gipfel sozusagen, thronte die Schultheißbrauerei. Heute ist sie geschlossen; eine Immobilienfirma, die aus der Brauerei sündhaft teure Wohnungen und Lofts bauen wollte, hat schon in der ersten Bauphase Insolvenz beantragt, so dass eine Bauruine übrig geblieben ist.

Durch die Methfesselstraße rattern heute keine Bierkutscher mehr, wie es zur Zeit von Zuse und Retlau alltäglicher Betrieb war. Viele dieser Bierkutschen hatten Räder mit Eisenbändern, die ziemlichen Lärm machten, die schweren Brauereipferde mit ihrem Beschlag sorgten zusätzlich für ein ständiges Klappern. Dieser Krach nervte den für Töne hochsensiblen Bruno Retlau so sehr, dass er Eingaben an das Bezirksamt Kreuzberg schickte, die Straße doch zu teeren, so dass die größten und heftigsten Schwingungen aufgefangen würden. Nichts geschah. Auch seinen Freund Zuse, der in der Nr. 10 im dritten Stockwerk wohnte, ärgerten die Vibrationen der Fahrzeuge, die bis in seine Wohnung zu spüren waren. Beide kamen nun auf die Idee, selbst Abhilfe zu schaffen. Zuse wollte in seiner Wohnung ein Gerät installieren, das den Vibrationen entgegenwirkte. Es sollte eine Art zentrifugales Kreiselsystem sein, das in den Schwingungen der Straße entgegengesetzter Richtung schwingen sollte. Heute wird eine ähnliche Technik bei Brücken und Hochhäusern eingesetzt. Konrad Zuse war aber mit seinem Rechner so sehr beschäftigt, dass er über einige Zeichnungen und Berechnungen nicht hinauskam.

Anders Bruno Retlau. Dieser ging intensiv daran, die von den Bierkutschen erzeugten Töne zu untersuchen und zu analysieren, um sie beherrschbar zu machen. Er knüpfte an die Theorien von Paul Lueg (1933 erstmals veröffentlicht) an und unternahm Versuche, die lärmenden Straßentöne zu neutralisieren, indem er ihnen Gegenschwingungen entgegensetzte. Seine Berechnungen waren die ersten Aufgaben, mit denen Zuse seinen Urcomputer fütterte. Die Resultate der handschriftlichen Berechnungen und die des Computers verglichen Zuse und Retlau mit größtem Interesse, so dass je nach Resultat sowohl der Maschine Fehler nachgewiesen werden konnten als auch den Berechnungen Retlaus.

Retlau gelang es immer besser, die Töne zu neutralisieren und manchmal eine einigermaßen gezielte und akzeptable Stille zu erzeugen. Er installierte an der Methfesselstraße Mikrophone, welche die von den Bierkutschen erzeugten Töne aufnahmen. Diese Ursprungstöne leitete er in einen Antiscope. Dieses Gerät ermittelte die Antiparameter der Realwelle hinsichtlich der Amplitude, der Phase und der Frequenz und schickte dann das erzeugte Resultat, die Antiamplitude, an große Lautsprecher, die wiederum die Antiwelle den Kutschen entgegenschleuderten und dabei den

Antischall erzeugten. Das Problem war, dass die elektrischen Impulse in ihrer Verarbeitung schneller als der Schall sein mussten, so dass der künstliche Gegenton den authentischen Ursprungston noch so zeitig erreichte, dass er ihn eliminieren konnte. In der Erprobungsphase passierten immer wieder die kuriosesten Dinge. So waren plötzlich nur noch hohe, schmerzhafte Töne zu hören, oder die Brauereifahrzeuge klangen extrem hölzern. Manchmal quietschte die ganze Straße widerlich oder brummte in einem tiefen Ton.

Einige ältere Bewohner der Straße erinnern sich noch heute daran und erzählen von den merkwürdigen Geräuschen, die in der Straße zu hören waren, ab und zu sei auch eine fast beängstigende Stille eingetreten, in der man nicht einmal sein eigenes Wort hören konnte, geschweige denn die Flugzeuge des nahe gelegenen Flughafens Tempelhof, die zur vertrauten Geräuschkulisse gehörten.

Während des Krieges, in dem Retlau zum Heimatdienst verpflichtet wurde – zum Frontdienst wurde er als untauglich eingestuft –, kam er in das Städtchen Grafenau im Bayerischen Wald, siedelte sich dort an und heiratete die Tochter eines Kinobesitzers. Seine gesamten Gerätschaften und die Aufzeichnungen seines Tonneutralisators wurden 1944 bei einem Bombenangriff in Berlin vernichtet. Bruno Retlau genoss die Stille des Bayerischen Waldes; seine Heimatstadt Berlin besuchte er nie mehr. Er führte mit seiner Frau Judith das Kino Delphi in Grafenau. Seinem Freund Zuse schrieb er 1974 einmal:

»Ich genieße diese Stille der Wälder und gratuliere Dir zu deinem Erfolg und der späten Anerkennung, die Du heute bekommst und sehr wohl verdient hast. Ich erinnere mich noch gerne an die Versuche, die wir mit meinen verrückten Berechnungen an Deiner Maschine gemacht haben. Ich für meinen Teil bin froh, mich nicht mehr mit Tönen beschäftigen zu müssen.«

Die Bewohner von Grafenau erzählen bis heute, dass im Kino Delphi die Geräusche und die Musik so intensiv waren, dass man immer meinte, mitten im Geschehen zu sitzen. Es fehlte jegliches Rauschen, das man von den anderen Kinos her kannte. Bruno Retlau starb 1984, seine Frau führte das Kino noch drei weitere Jahre. Im Jahr 1987 wurde das Delphi dann geschlossen, die Filiale einer Drogerie-Kette zog ein, nicht ohne vorher alle Kino-Utensilien an einen Schrotthändler verkauft zu haben.

Literatur:

Bezirksamt Berlin-Kreuzberg, Gedenktafel in der Methfesselstraße.
P. Kempin, *Der Antischall und die Animateure,* Berlin 1982.
P. Kempin, *Der Tod des Ursprungs,* Berlin 2001.
H. Mayer, *Zur Geschichte der Destruktiven Interferenz,* München 2000.

Vom Beuysschen Ur-Hasen

oder Wie Joseph Beuys auf den Hasen kam

Joseph Beuys, dieser Granitfelsen der modernen Kunst, beruft sich in seinem riesigen, faszinierenden Werk immer wieder auf den Hasen. Er identifizierte sich mit diesem Tier so stark, dass er Sätze formulierte wie: »Ich bin kein Mensch, ich bin ein Hase«, »Ich bin ein ganz scharfer Hase«, »Der Hase bin ich«.

Der Hase ist ein symbolbeladenes Tier mit uralten mythologischen Bedeutungen: Im Germanischen war der Frühling ein Hase, die ägyptische Göttin Unut trägt einen Hasen quer auf dem Kopf, bei den Chinesen und den Azteken ist der Hase das Mondtier, die Tataren sehen in ihm den Schöpfer des Lichtes, das christliche Mittelalter verstand ihn als Sinnbild der Auferstehung Christi, um nur einige Beispiele zu nennen. Joseph Beuys bezeichnete den Hasen als ein »Organ des Menschen«; er sah den Hasen als ein »Außenorgan«. Beuys ging davon aus, dass der Hase »direkt eine Beziehung zur Geburt hat«:

»Für mich ist der Hase das Symbol für die Inkarnation. Denn der Hase macht das ganz real, was der Mensch nur in Gedanken kann. Er gräbt sich ein, er gräbt sich eine Mulde. Er inkarniert sich in der Erde, und das allein ist wichtig.«

Joseph Beuys' Werk wird gern auf Filz und Fett reduziert. Dies sind sicher zwei zentrale Materialien, die in seinem Werk eine bedeutende Stelle einnehmen. Dass der Hase jedoch eine mindestens ebenso bedeutende Rolle in der geistigen Dimension spielt, wird oft übersehen, obwohl Beuys 1963 bei seiner ersten öffentlichen Aktion *Sibirische Symphonie* bereits den Hasen als Bezugspunkt, Partner und zentrale Figur auftreten lässt, und zwar aus den gleichen ursächlichen Gründen, aus denen er Filz und Fett verwendet.

Joseph Beuys wurde bei seinem legendären Flug im Jahre 1944 mit der JU 87 von einer russischen Flak getroffen und konnte sich und seine Maschine gerade noch hinter die Frontlinie retten, wo er aber dennoch, aufgrund eines fürchterlichen Schneesturms, in unbekanntem, aber nicht feindlichem Gebiet abstürzte. In »einer völligen Einöde oben am Flaschenrand der Krim« fanden dort wohnende Tataren den schwerverletzten und ohnmächtigen Mann. Die Familie Khairetdinov* pflegte den meist in tiefer Ohnmacht Liegenden, sie rieben seinen mit Wunden übersäten, verletzten Körper mit tierischen Fetten ein, wickelten ihn in Filzdecken und stellten brennende Kerzen an seine Lagerstatt, sogenannte Hasenkerzen, Kerzen in Hasenform. Diese Kerzen sind im Siedlungsgebiet der Tataren weit verbreitet. Hasen gelten von alters her bei den Tataren als Lichtbringer und -bewahrer. Seit ungezählten Generationen werden dort Kerzen in Hasenform hergestellt. Noch heute gibt es diese Hasenkerzen in jedem südrussischen Kolonialwarengeschäft. Diese lichtspendenden Hasen waren das Erste und lange Zeit das Einzige, was Joseph Beuys, wenn er aus seiner tiefen Ohnmacht erwachte, sah und wahrnahm.

Dass nicht nur das tierische Fett und die Filzdecke, sondern auch der Hase tatarischen Ursprungs ist, wird meist übersehen und wenig beschrieben, obwohl Joseph Beuys selbst daraus nie ein Geheimnis machte.

* Ein Nachkomme dieser Familie lebt heute als begabter Übersetzer in Berlin und erinnert sich gut an die Erzählungen seiner Großeltern.

Literatur:

J. Beuys, *Selbstzeugnisse,* Darmstadt 1972.
H. Brandis, *Unveröffentlichte Gespräche,* Berlin 1989.
P. Maurer, *ein häslein an der krippe,* Freiburg 1992.
E. Rummel, *Das Brauchtum in Teilen,* Leipzig 1982.
J. Stüttgen, *Der ganze Riemen ...,* Köln 2008.

**Der Bettler an der Hudson Street
in New York und das Gewissen Amerikas**

Bereits nach der ersten Ausstrahlung eines Films über einen New Yorker Obdachlosen, den G. Eisenhardt mit einer versteckten Kamera aufgenommen hatte, am Nachmittag des 24. Dezember 1978, meldeten alle Nachrichtensender des Landes, der New Yorker Fernsehsender NYN habe einige der erschütterndsten Bilder ausgestrahlt, die die Nation je gesehen habe. Der Film wurde an den Weihnachtstagen mehrmals wiederholt. Er dauerte 20 Minuten, weder von Kommentar noch Musik oder sonstigem Ton begleitet. Die kargen, sachlich kühlen einführenden Worte des Moderators lauteten: »Wir zeigen Ihnen nun Bilder aus New York.«

Die Einschaltquoten waren die höchsten in der Geschichte des Senders, der sich 1999 wegen des verheerenden Missmanagements der Geschäftsführung auflöste. Die Werbeeinnahmen erhöhten sich nach der Ausstrahlung dieser erschütternden Bilder sofort. Es gab wohl keine US-Fernsehgesellschaft, die diesen Film nicht übernahm.

Der neu gewählte Bürgermeister von New York, Ed Koch – er hatte bis 1989, drei Amtsperioden lang, dieses Amt inne –, hielt bereits am 27. Dezember eine Pressekonferenz über das Problem der Obdachlosen in New York ab, auf der er die Bevölkerung dazu aufrief, sich mehr um die sozial Ausgegrenzten zu kümmern, und er versprach, einen Obdachlosen für eine Woche bei sich zuhause aufzunehmen. Der Präsident der Vereinigen Staaten, Jimmy Carter, widmete in seiner umgeschriebenen und neu aufgezeichneten Neujahrsansprache für das Jahr 1979 vier Sätze dem Problem der Obdachlosen. Die gesamte Rede war sehr stark von der Idee der sozialen Gerechtigkeit, der Idee einer sozialen Gesellschaft, durchzogen.

Die ganze politische Klasse des Landes reagierte sofort, man wollte verhindern, dass die sehr starke liberale Bürgerrechtsbewegung sich dieses Problemfeldes bemächtigte. Kommentatoren verglichen die Wirkung des zwanzigminütigen Films, dieser machtvollen, starken Bilder, mit dem großen Armutsbericht der sechziger Jahre, der zur Gründung unzähliger, bis heute aktiver Armenküchen führte. Im ganzen Land wurden über die Jahreswende 1978/79 Obdachlosenverbände gegründet, Obdachlosenpatenschaften vermittelt und bald darauf Obdachlosenheime eröffnet.

Verschiedenste, auch verwegene Hilfsangebote wurden unterbreitet. So schlug ein Mr. Blyrie, Ölmillionär aus Texas, vor, die Obdachlosen aus dem Norden in den Wintermonaten in die wärmeren Südstaaten auszufliegen und sie im Frühjahr mitsamt den Obdachlosen aus den Südstaaten zurückzufliegen, so könne dann das Problem gerecht und sozial auf das gesamte Land verteilt werden. Er handelte sofort und charterte eine Maschine, die fünf Tage lang auf dem New Yorker John-F.-Kennedy-Flughafen auf abflugbereite Obdachlose wartete. Die beiden einzigen, die sich meldeten, waren getarnte Journalisten, die natürlich eine große Story witterten.

Langfristig führten die Aktivitäten, die dieser Film auslöste, zur Gründung eines landesweiten Obdachlosenhilfevereins, der sich jedes Jahr zur Weihnachtszeit um Obdachlose kümmert, Patenschaften vermittelt und am Heiligen Abend Obdachlose mit gespendeten Paketen versorgt.

Der von G. Eisenhardt gefilmte Mann konnte nie identifiziert werden, trotz diverser Aufrufe und Suchaktionen. Er wurde von niemandem erkannt und meldete sich auch nicht freiwillig. Die 7.335,67 Dollar, die ihm aus den Filmrechten zugestanden hätten, spendete man im Jahre 1984 an den Dachverband der Obdachlosenhilfevereine.

Literatur:

L. Müller, *Soziologie des Wahnsinns,* Köln 1975.
R. Kohler, *Die Wirkung des permanenten Films,* Berlin 2000.

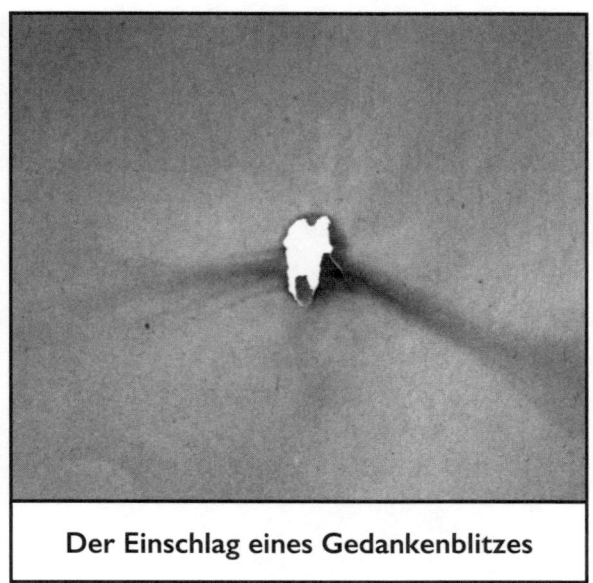

Der Einschlag eines Gedankenblitzes

Der Kölner Nervenarzt Dr. Helmut Dröf beobachtete an sich, dass er bei plötzlichen Einfällen zusammenzuckte. Er beobachtete dieses Phänomen auch bei seinen Patienten und studierte es ausführlich.

Dröf erkannte, dass es sich um elektrische Ladungen handelte, die so stark waren, dass sie ein Zucken des Körpers auslösten. Davon ausgehend entwickelte er Gerätschaften, die die Auslöser dieses Zuckens auffingen, ableiteten und identifizierbar machten. Er erfand den Gedankenblitzelektrographen.

In diesen Kopfkäfigen konnte er die Blitze auffangen. Solch ein Kopfkäfig funktionierte wie ein umgedrehter Faradayscher Käfig, war also ein Käfig, aus dem keine elektrische Ladung entwich. Dieser elektrische Impuls wurde mittels eines Eisendrahts abgeleitet und an dessen Ende zur

Entladung gebracht. Anhand des Blitzeinschlags konnte Dröf studieren, wie stark der Gedankenblitz war, und von der Form des Einschlags konnte er auf den Inhalt des plötzlichen Gedankens schließen.

Dröf meldete 1889 sein Gerät als medizinisches Patent an. Der Gedankenblitzelektrograph konnte sich in der Nervenheilkunde allerdings bis heute nicht durchsetzen.

Literatur:

W. Maier, *Frühe Elektrographie*, Berlin 1982.
W. Reich, *Die Schule des Orgasmus*, Berlin 1932.
Ders., *Das Orgon*, Rangeley 1952.

**Die Begine und der Mönch.
Ein Gemälde von
Cornelis Cornelisz van Haarlem
(1562–1638)**

Anfang des 13. Jahrhunderts war die Welt außer Rand und
Band. Die christlichen Werte setzten sich langsam durch,
doch von einer Verankerung in der Gesellschaft konnte noch
nicht gesprochen werden. Man begann, vom Fegefeuer zu
sprechen, um den Leichtsündigen noch eine letzte Chance
zu geben. Die Frauen begehrten auf, wollten sich nicht mehr
bedingungslos den Männern und dem römischen Recht,
in dem sie überhaupt nicht vorkamen, unterwerfen. Die

Marienverehrung verbreitete sich immer mehr und stärkte die Position der Frauen.

Die Rechtsprechung veränderte sich, Frauen bekamen das ihnen bis dahin verweigerte Erbrecht, sie mussten nicht mehr unbedingt heiraten und konnten Ehen, mit denen sie nicht einverstanden waren, verweigern. Immer mehr Frauen schlossen sich in christlichen Mariengemeinschaften zusammen, um ein eigenständiges Leben führen zu können. Es war eine Rebellion gegen die ihnen auferlegten Rollen. Viele wohlhabende Frauen, Fürstinnen, hochgestellte Witwen, vermachten diesen Vereinigungen ihr Vermögen oder nahmen sie unter ihren persönlichen Schutz.

Meist siedelten sich diese Frauen-Vereinigungen in der Nachbarschaft von Dominikanerklöstern an; diese galten als die modernsten aller Mönchszusammenschlüsse, die immer wieder gegen verkrustete Kirchenstrukturen aufbegehrten. Die Klöster gaben den Beginen (wie man sie bald nannte) Sicherheit, ihr Leben nach ihren selbstgewählten Grundsätzen zu gestalten. Wie es zu dem Namen ›Begine‹ kam, ist bis heute ungeklärt: Er könnte vom Namen der heiligen Begga abgeleitet sein, der Gründerin einer dieser Vereinigungen, aber auch vom Priester Lamberti di Beges (der Stotterer), der viele solcher Frauenkonvente gründete, oder auch von der beigen Farbe der Gewänder.

Die Beginen bildeten keine einheitliche Bewegung, der Name war ein Sammelbegriff, denn jede Vereinigung gab sich eigene Regeln. Die einen lebten klösterlich, mit strengen Vorschriften, andere als loser Verband, sehr oft als große Wohngruppen mit bis zu 200 Frauen organisiert; in manche Konvente trat man für immer ein, in andere nur für eine bestimmte Zeit. Alle diese Frauengruppen hielten sich finanziell unabhängig, betätigten sich im Handwerk, im Handel und in der Krankenpflege.

Das, was alle diese Vereinigungen, Gemeinschaften, Konvente und Stifte verband, war, dass sie sich der männlichen

Herrschaftsgewalt entzogen, was wiederum die Phantasie der Männer zum Blühen brachte. Den Beginen wurde sexuelle Ungezügeltheit vorgeworfen, ein Leben wider die Natur, tägliche Orgien wurden vermutet und Freizügigkeiten jeglicher Art, ein lasterhaftes Leben. Wegen des Schutzes der Dominikaner und der Schirmherrschaft von Herzoginnen und sonstiger hochangesehener Damen wagte man lange nicht, diese Vereinigungen allzu offen anzugreifen.

Im Zuge der Reformation, in der die Marienverehrung verpönt, das Erbrecht zu Ungunsten der Frauen revidiert und das Männerrecht wieder in vollem Umfang angewendet wurde, lösten sich die meisten dieser Beginenhöfe auf oder traten geschlossen in Dominikanerinnenklöster ein.

Das Bild von Cornelis Cornelisz van Haarlem, *Die Begine und der Mönch*, stellt eine Schwangerschaftsprobe bei einer Begine dar. Ein für diese Zwecke ausgebildeter Dominikanermönch prüft, ob aus der Brust Milch oder aber Wein kommt. Ist es Milch, ist die Leibesfrucht eine Sünde des Fleisches, kommt aber Wein, ist die Leibesfrucht eine geistige und die schwangere Begine eine Gemahlin Jesu und daher rein. Das Bild zeigt eindeutig eine reine Begine, denn unten rechts ist unschwer zu erkennen, wie ein Tropfen Rotwein in ein Weinglas fällt.

Literatur:

J. Bruyn, ›Een keukenstuk van Cornelis Cornelisz van Haarlem‹, in: *Oud-Holland* 66 (1951), S. 45–50.
C. Chrutkov, *Frühmittelalterliche Frauenbewegungen*, Dormagen 2001.
O. Marnus, *Der Dominikanerorden*, Ottobeuren 1999.
W. Müller Funik, *Kunst in den Niederlanden*, Wien 2000.

Wie das Ahoi zur Seefahrt kam oder Der Beitrag der meerlosen Böhmen zur Schifffahrt

Igor Cleppr aus dem böhmischen Kutná Hora ging 1634 zur See, und sein böhmisches »Ahoi« zur Begrüßung und Verabschiedung verbreitete sich rasch und ging als eigenständiges Wort zur Schiffsanrufung in die Sprache der Seefahrt ein.

Schon als Kind hatte Cleppr eine große Liebe zur See gezeigt. Er schlich sich immer wieder heimlich in die katholische Barockkirche St. Barbara in seiner Heimatstadt Kutná Hora, um dort die Darstellung der Rettung eines großen Schiffs in Seenot durch die gnadenreiche Muttergottes anzuschauen. Cleppers Eltern gehörten dem hussitischen Glauben an, so dass es für ihn nicht einfach war, unerkannt in die katholische Kirche zu kommen.

Als Igor Cleppr 17 Jahre alt war, im Frühjahre 1634, der Mai war gerade gekommen, schnürte er sein Sackerl, verabschiedete sich, nahm einen Wanderstab und machte sich auf den Weg nach Hamburg, um dort auf einem Schiff anzuheuern.

Hoeg Dilsen, Kapitän der *Stolz von Deventer,* war gerade dabei, alle Formalitäten zu erledigen, um anderntags bei günstigem Wind abzusegeln. Nach Antwerpen sollte die Fahrt gehen. Eine einfache Frachtfahrt, wozu er ruhig noch ein paar kräftige Hände brauchten konnte. Cleppr kam ihm gerade recht.

An Bord brachte Clepprs ständiges »Ahoi« ihm schnell den Spitznamen »Der Ahoi« ein. Und schon innerhalb eines halben Jahres hörte man es auch auf anderen Schiffen. Nach weiteren drei Jahren war »Ahoi« das gewohnheitsmäßige Seemannswort für die Schiffsbegrüßung und -verabschiedung.

Im Jahr 1642, bei der ersten Konferenz zur Vereinheitlichung des zivilen Schiffsrechts in Antwerpen, anlässlich einer Havarie vor Glasgow im Jahr 1640, wurde das Ahoi schließlich zum offiziellen Begriff der Schiffsanrufung.

Igor Cleppr kehrte 1652 in sein böhmisches Kutná Hora zurück, und alle bestaunten seinen Walfischzahn und seinen zahmen Affen. Der Walfischzahn wurde nach seinem Tode der katholischen Kirche in Kutná Hora übergeben, wo er heute noch zu besichtigen ist.

Literatur:

R. P. MacDowell, *Nautic Terms,* London 1912.
R. Michel, *Sprachanleihen der Seefahrt,* Hamburg 1982.
P. Moms, *Beiträge der Länder zur Schiffsfahrt,* München 1898.
R. Pilacik, *Wie ein Walfischzahn nach Kutná Hora kam,* München 1988.

Einritzungen Casanovas

Als Giacomo Casanova »zur frühen Stunde aus Breslau abreiste«, stieg zu seiner Überraschung die Dame Maton seiner Kutsche bei, der er am Vortage, aus einer Laune heraus, angeboten hatte, mit ihm nach Dresden zu reisen. Seine Überraschung war umso größer, da er sie schon wieder vergessen hatte, fand aber, als sie einstieg, das Arrangement doch »sehr vortrefflich«:

> *»In Dresden angekommen, stieg ich im besten Gasthof am Platze ab und mietete einen ganzen Stock.«*

Dieses Gasthaus war das Hotel Stadt Rom, Ecke Neumarkt/ Moritzstraße, das bis 1931 durchgehend seinen Hotelbetrieb aufrechterhielt und 1943 abgerissen wurde. In diesem Hotel gab es einen Erker, den Casanova mehrmals beschreibt.

Seine Begleiterin, die Dame Maton, steckte ihn während ihres gemeinsamen Aufenthaltes mit einer »galanten Krankheit mit sehr hässlichen Symptomen« an. Casanova berichtet detailliert über seine Ansteckung und belehrt nebenbei seinen Bruder Giovanni, eine solch selbstverschuldete Krankheit nicht an die große Glocke zu hängen, sondern sie in aller Abgeschiedenheit auszukurieren.

Die nun folgenden vier Monate seines Lebens handelt Casanova im 15. Band seiner *Geschichte meines Lebens* mit einem einzigen Satz ab:

> *»Ich unterwarf mich einer strengen Kur und hatte das Glück, Mitte August wieder gesund zu sein, so wie es vor meiner Abfahrt aus Breslau gewesen war.«*

Es ist erstaunlich und für Casanova verwunderlich, dass dieser scharfe Beobachter und genaue, eitle Protokollant seines Lebens vier Monate mit nur einem einzigen Satz, mit diesen wenigen Worten, beschreibt – oder besser gesagt verschweigt.

Casanova-Forschern der letzten hundert Jahre war dieser Umstand immer suspekt. Sie fanden aber keine Erklärung, außer dass er seine »galante Krankheit« galant übergehen wollte, was aber weder seiner Art noch seinem Stil entspricht, denn Casanova zeichnete sich durch Genauigkeit, Ehrlichkeit und offene Rationalität aus, bei aller Noblesse und Selbstbezüglichkeit. Der togolesische Historiker und Fachmann für europäische Erotomanie, Georges Beta Husumu, fand 2001 bei der Durchsicht der umfangreichen, von Casanova für den Grafen Waldstein in Dux (in der Nähe von Teplice, Böhmen) angelegten Bibliothek, die Casanova von 1785 bis zu seinem Tode 1798 ausbaute und führte, achtzehn gut erhaltene, bisher unbekannte Seiten, wovon zwölf den bis dahin unbekannten handschriftlichen Bericht über die Zeit der Genesung von der »galanten Krankheit«, diese leeren oder schwarzen Monate in Casanovas Leben, darstellen.

Die Beschreibung dieser Zeit beginnt mit den gleichen Worten wie in der von ihm autorisierten Ausgabe der *Geschichte meines Lebens*: »Ich unterwarf mich einer strengen Kur«, um dann allerdings fortzufahren:

»... im Spital Kuks an der Elbe. Graf Schwerin machte mich darauf aufmerksam – er war der Einzige, dem ich von meinem Malheur berichtete, ich war ihm selbst bei einer ähnlichen Gelegenheit vor einigen Jahren behilflich –, dass sich dort in den letzten Jahren die Barmherzigen Brüder auf diese Krankheiten spezialisiert hätten. Franz Anton Graf von Sporck hat dieses Spital im Jahr 1708 gegründet. Der Ort überstand vor nicht allzu langer Zeit ein Hochwasser, das große Teile der Wohngebäude wie des Schlosses mit sich riss. Am pikantesten war der allegorische Zyklus des begabten Bildhauers Matthias B. Braun, der die zwölf Laster und die zwölf Tugenden wunderschön darstellt. Diese Statuen geben der heutigen Spezialisierung des Spitals eine besondere, aparte Note.«

Casanova beschreibt den immer wiederkehrenden gleichen Tagesablauf des Kurbetriebes, die Ruhe, das Rauschen der noch kleinen Elbe, eine Wanderung zu den wundersamen, aus Felsblöcken gefertigten Skulpturen des nahe gelegenen Bethlehem und die Abkehr aller dort Anwesenden von leiblichen Freuden, außer der des Essens. So beschreibt er ein großes Menü mit frisch gebratenen Lerchen, die fast so gut seien wie die in Leipzig, die damals als die besten Europas galten. Er spürt eine langsame Genesung und ein Abschwellen der Knoten in der Leistengegend. Was ihm besonders gefiel, war die Diskretion bei der Behandlung.

»Der Grund der Anwesenheit wurde nie genannt, geschweige von ihm gesprochen. Selbst als ich mit meiner Kutsche ankam und zur ersten Unterredung vorsprach, wurde die Krankheit nicht erwähnt, nie nach ihr gefragt. Mir wurde ein vergnüglicher Kuraufenthalt ähnlich dem in Franzensbad oder Karlsbad angeraten, mit Ausnahme von Anwendungen speziellerer Art.«

Eines Abends bekam Casanova eine Depesche aus Venedig, seiner geliebten Heimatstadt, mit der Aufforderung, unverzüglich bei der Dogenpolizei vorzusprechen und Bericht zu erstatten über Vorkommnisse in St. Petersburg, Warschau und Wien. Ein Treffen mit dem Dogen wurde ihm in Aussicht gestellt sowie auch eine Erhöhung seiner monatlichen Zuwendungen. Für seine Reise wurde ihm freies Geleit zugesagt, jedoch müsse alles im Verborgenen geschehen. Die Dogen von Venedig hatten seit Jahrhunderten den besten Nachrichtendienst und die beste Geheimpolizei der Welt, sich ihnen zu widersetzen war nicht ratsam, insbesondere dann nicht, wenn man für sie tätig war.

Am nächsten Tag, frühmorgens, meldete sich Casanova bei seinen besorgt dreinschauenden Ärzten ab, sagte ihnen, er habe dringend in Wien zu tun, und bestieg eine Kutsche. Die nächsten zwei Tage wechselte er mehrmals die Kutsche und seinen Namen, um Spuren zu verwischen. Das letzte Stück seiner Reise legte er, von Padua kommend, mit einer Burchielle (einer größeren Gondel) auf dem Flusse Brenta zurück.

>>Es war angenehm, in der Burchielle zu sitzen. Wie vor 31 Jahren, als zwölfjähriger Junge, sah ich das Ufer an mir vorübergleiten, sah die Bäume wandern, wie damals. Heute, als kranker Mann, weiß ich nicht, was mich in meiner Heimatstadt, die mich verstoßen hat und aus der ich geflohen bin, erwarten wird.<<

In Venedig angekommen, begab er sich sofort zum Dogenpalast und verlangte, mit dem Inquisitor und dem Dogen von Venedig, Ludovico Manin, zu sprechen.

Nachdem sein >>Schreiben misstrauisch betrachtet und geprüft<< worden war, brachte man ihn nach mehrmaligen Durchsuchungen und langem Warten auf den oberen Rundgang vor die Treppe Scala d'Oro, die Prunktreppe des Palastes.

»Dort sollte ich, gegenüber der Bocca del Leone, dem Briefkasten der Denunzianten, warten, bis man mir Einlass gewähre. Über den Dogen Ludovico Manin, der ein Jahr jünger war als ich und dem ich als Kind öfters begegnet war, ohne mich je mit ihm anzufreunden, hörte ich, dass er das Warten, diese subtile Form der Erniedrigung, bis zur Qual ausbaue. Es soll jetzt acht sich steigernde Stufen des Wartens geben, vier mehr als früher, als ich noch in Venedig weilte. Auf den unrühmlichen Untergang dieses Systems werde ich später noch zu sprechen kommen. Ich versuchte mit den zwei mir beigestellten Wächtern ins Gespräch zu kommen, aber es hatte den Anschein, dass sie entweder taub und stumm waren oder es ihnen verboten war, mit mir auch nur ein Wort zu wechseln, ja nicht einmal eine Regung zu zeigen. So stand ich angelehnt an der Balustrade und schaute in den Innenhof des Palastes, hinter mir die Bocca del Leone, die schon so viele Menschen mit ihrem gefräßigen Maul ins Unglück gestürzt hatte. Meine Leistenknoten schmerzten, und ich hatte Angst, dass meine mir so wichtige Gesundheit unter dieser Reise leiden könnte, aber das in Aussicht Gestellte war zu verführerisch, als dass ich die Reise nicht hätte unternehmen können. In mein Warten versunken, sinnierte ich vor mich hin und dachte an den Tod des Kaisers Franz I., von dem ich vor einem Jahr bei einem Empfang am Hofe zu Petersburg erfuhr, und wie mir Fürst Lobkowitz bei dieser Gelegenheit zustimmte, wie nah der Tod doch immer sei, aber wie überrascht wir alle seien, wenn wir ihm begegneten. In solche Gedanken versunken, ritzte ich das Todesjahr des österreichischen Kaisers, 1765, in den Marmor des Handlaufs der Balustrade und rechts oberhalb dieser Jahreszahl den Grund meiner Leistenschmerzen, in denen sich ja auch das Leben – die Freude wie die Lust, die so nahe der Zerstörung ist – mit dem Tode paart.

Als ich bemerkte, was ich tat, erschrak ich, denn es wurde jegliche Beschädigung irgendeines Teiles des Palastes schwer geahndet. Meine stummen Begleiter sahen und ahnten nichts von meinen Ritzereien, zu sehr hatte ich mich dabei vornübergebeugt, so dass mein Körper mein Tun verdeckte.«

Casanova wartete noch fünf Stunden, um dann zu erfahren, dass er nicht vorgelassen werde. Er musste am selben Tag abends, vor der Dunkelheit, die Wasserstadt Venedig verlassen und traf vier Tage später wieder in Kuks an der Elbe ein, wo er sich von der Reise wie von seiner Krankheit restlos erholte:

»... und hatte das Glück, Mitte August wieder gesund zu sein, so wie es vor meiner Abfahrt aus Breslau gewesen war.«

Man vermutet, dass Casanova diese Reise als so demütigend empfand, dass er sie nach seiner Niederschrift aus seinen Aufzeichnungen entfernte.

Was von seiner Reise bis heute übrig blieb, sind die Einritzungen am Geländer im Dogenpalast, genau an der Stelle, die er beschreibt. In keinem Führer sind die kleinen Einritzungen auf dem Handlauf der Balustrade aufgeführt, aber alle Besucher, die davon wissen, können sie besichtigen.

Literatur:

I. Arens, *Kuks – der Kurbetrieb. Die Tugenden des Barock,* Berlin 2001.
G. Casanova, *Geschichte meines Lebens,* Leipzig und Weimar 1989.
G. Casanova, *Briefwechsel mit J. F. Opiz,* Berlin-Wien 1922.
F. W. Ilges, *Casanova in Dresden,* Dresden 1931.
G. Beta Husumu, *Die Europäische Erotomanie im Spiegel der Zeiten,* Paris 2000.
Ders., *Was der weise Mann trägt,* Paris 2002.
Zum 200. Todestag von G. Casanova, Teplice 1998.

**Vom ewigen Eis befreit oder
Wie ein einzelner Passagier einen
Flugzeugabsturz überlebte, weil er
Melodien von Béla Bartók summte**

Am 15. Mai 1939 stürzte in Peru bei einem Flug über die Anden ein viermotoriges Flugzeug vom Typ Martin-Clipper M130 bei dichtem Nebel unterhalb des 6394 Meter hohen Berges Avzaogare auf einen gewaltigen Gletscher. Bis auf den US-Bürger Gary Dlugos kamen alle 32 Passagiere und die Besatzung ums Leben. Gary Dlugos überlebte den Absturz wie durch ein Wunder unverletzt und konnte sich – wie durch ein zweites Wunder – retten.

Gary Dlugos, Musiklehrer in Salina, Kansas, USA, berichtet:

»Nachdem ich sah, was geschehen war, zog ich mir einen herumliegenden Fallschirmspringeranzug an und wickelte ein paar Decken um meinen Körper. Es war sehr kalt, obwohl die Sonne schien. Ich hatte noch nie einen Gletscher gesehen, geschweige denn auf einem gestanden. Was ich

hier sah, war gigantisch und überwältigend schön. Alles war weiß und blau. Ich ging einfach hinunter, immer bergab. Als ich die erste Gletscherspalte sah, suchte ich mir einen Weg um sie herum. Es dauerte sehr, sehr lange, denn überall waren Spalten, denen ich ausweichen musste. Erst später, im Krankenhaus, erfuhr ich, wie gefährlich meine Ausweichmanöver gewesen waren. Die Nächte verbrachte ich in selbstgebauten Schneehöhlen, ich erinnerte mich an ein Kinderbuch über Eskimos.«

Nach vier Tagen auf dem Gletscher und zwölf Tagen Wanderung auf der Suche nach Menschen, wobei er sich von Wurzeln und Hülsen ernährte, stieß Gary Dlugos auf eine Indianersiedlung. Die Indianer misstrauten anfangs diesem verwirrten, ausgehungerten Menschen, der ständig fremd klingende Melodien summte und leise sang. Sie gaben ihm den Namen »Der Singende vom Berg«. Als er sich etwas erholt hatte, brachten sie ihn zu der Missionsstation des Salesianerpaters Thomas Ostan; dieser brachte ihn in die Provinzstadt Parur, von dort nach Cazco und schließlich nach Lima, wo er nach vierwöchigem Krankenhausaufenthalt entlassen wurde.

Auf die Frage, wie er die Zeit der Angst und Orientierungslosigkeit überstanden habe, antwortete Dlugos:

»Ich summte immer Melodien von Béla Bartók vor mich hin. Seine Melodien retteten mir das Leben. Besonders die Melodien vom Mikrokosmos ordnete ich örtlichen Gegebenheiten zu. Die eine Spalte widmete ich Dur, die andere Moll, der eine Abhang war Allegro, der andere Andante. Später, als ich tagelang herumirrte, hörte ich die Landschaft mehr, als dass ich sie sah. Durch diese Musik war ich nie allein und fühlte mich nie verlassen. Diese Melodien waren meine Orientierung, durch sie geriet ich nie in Panik, und sie leiteten mich den Berg hinab.«

Der einzige Schaden, den Gary Dlugos nach diesem Erlebnis davontrug, war, dass er nie wieder Bartók hören konnte, ohne in einen bis zu vier Stunden anhaltenden Starrkrampf zu verfallen.

1978 starb Gary Dlugos. Das Flugzeug und die bei dem Absturz Verstorbenen konnten bis heute nicht geborgen werden. Kurz nach dem Unglück brach der Winter an und bedeckte alles unter einer Schneedecke, so dass das Flugzeug wie die Opfer im ewigen Eis eingefroren wurden. Die Unfallursache konnte daher bis heute nicht festgestellt werden.

Im Jahr 1991 gab der Gletscher die ersten Teile des Flugzeuges frei: Es waren Schrauben des rechten Höhenleitwerks.

Literatur:

P. F. Jackson, *The Miracle with Bartók*, Dallas 1945.
J. Kogel, *Erinnern in Musik*, München 1979.
Lima Times vom 3./4./7. Juni 1939.
P. S. Oz, *Viewing of Music*, San Francisco 1958.

**Über Marcel Rödiger,
den Erfinder der Neu-Zeit oder
Als der Tag 20 Stunden bekam, die
Stunde 50 Minuten, schmeckte dies
der Obrigkeit überhaupt nicht**

Marcel Rödiger, am 25.8.1833 im schweizerischen Jura-Ort Saint-Imier als erstgeborener Sohn auf die Welt gekommen, übernahm nicht den Hof seiner Eltern, ihn zog es von Jugendbeinen an in die Uhrenwerkstätten des Ortes. 1851 wurde er als gelernter Uhrenmacher, als Geselle, entlassen und machte sich zwei Jahre später, nach einer Wanderschaft durch verschiedene Werkstätten, mit einem Meisterbrief in der Tasche in Saint-Imier selbstständig.

Im schweizerischen Jura wurden in vielen kleinen Werkstätten Uhren produziert, Präzisionsuhren, die bis heute den Ruf der Schweizer Uhren prägen, als mechanische Qualitäts-Uhren der besonderen Klasse.

Das gesamte Jura auf der rechten wie auf der linken Seite des Bergkammes, auf dem schweizerischen wie auf dem französischen Gebiet, galt als eine europäische Hochburg der Anarchisten. Pierre-Joseph Proudhon, Victor Hugo, Charles Fourier, Gustave Courbet wurden hier geboren, Peter Kropotkin und Michail Bakunin besuchten mehrmals die Gegend. Uhrenmacher galten, wie die Zigarrendreher, als sehr gebildet und belesen, daher kam ihnen auch eine besondere polizeiliche Aufmerksamkeit zu. Sie organisierten sich in Bildungsvereinen, in Debattierklubs, beschäftigten Vorleser und legten sich immer wieder mit der Obrigkeit an. Bei Verfolgung wechselten sie die Grenze und wurden von Genossen beschützt aufgenommen.

Der Uhrenmacher Marcel Rödiger wuchs in diesem intellektuellen und handwerklich sehr geschickten Milieu auf. Schon als Jugendlicher diskutierte er über Gesellschaftsmodelle und vertrat, wie viele Uhrenmacher, die Ansicht, dass das gesellschaftliche Leben wie eine Uhr organisiert werden sollte, wo ein Teil in das andere greift, jedes Teil eine wichtige Rolle spielt und kein Rädchen das andere dominieren kann. Kein Mensch soll als unnütz bezeichnet sein, da es kein überflüssiges, sich leer drehendes Rädchen geben sollte. Jeder Mensch solle sich produktiv und gleichberechtigt in die Gemeinschaft einbringen. Eine Gesellschaft sollte klar und übersichtlich aufgebaut sein, ohne Herren und ohne Diener.

Im Sinne dieser Gedanken entwickelte er eine neue Zeit. 1858 stellte er eine funktionierende Uhr vor, die nach den Prinzipien der Neu-Zeit, wie er seine Zeit nannte, funktionierte. Der Tag hatte nur noch 20 Stunden, die Stunde 50 Minuten, die Minute 50 Sekunden. Er begründete seine Neu-Zeit damit, dass mit dieser leichter zu rechnen sei, da sie in das zukunftweisende Dezimalmaß passe. Als weiteren wichtigen Grund für seine Neu-Zeit gab er an, dass man die Zeit nicht verkürzen dürfe, dass dies nur zu einer Beschleunigung führe. Wenn man sich mit weniger Zeiteinheiten begnüge, wie bei seiner Neu-Zeit, würde man als Resultat mehr Zeit bekommen, die man sinnvoll in gemeinschaftliche Aufgaben einbringen könne.

Seine Neu-Zeit fiel auf sehr fruchtbaren Boden. Überall redete man davon, sie wurde eifrig diskutiert und immer mehr Menschen stellten sich um und lebten nach dieser neuen Zeit. Die Nachfrage nach seinen Uhren war so groß, dass Marcel Rödiger nicht mehr nachkam, genügend Uhren nach seiner Zeit zu produzieren, obwohl er schon zehn Gesellen beschäftigte. Er vergab bald Lizenzen, um die Nachfrage zufriedenzustellen. Die Zeit bekam bald den Namen ihres Erfinders, es war ihm gar nicht recht, aber gegen die Macht der Masse konnte er nichts ausrichten, man nannte die neue Zeit Rödiger-Zeit.

Das Tal St. Imier stellte sich nach einem Jahr fast vollständig auf die Rödiger-Zeit um, auch in der zentralen Uhrenstadt des Tales, La Chaux-de-Fonds, gab es viel Zustimmung für den Gedanken einer Neuen Zeit.

1860 marschierte die Armee in das Tal von St. Imier ein, um alle Uhren der Neuen Zeit zu beschlagnahmen und zu zerstören. Es sei hoheitliches Recht, die Zeit zu bestimmen und die ganze Neu-Zeit, die sogenannte Rödiger-Zeit sei eine anarchistische Aktion, die ausgetilgt werden müsse. Marcel Rödiger sei ein Anarchist, der nur Verwirrung stiften wolle, um sein eigenes Süppchen zu kochen, sprich seine neuen Uhren zu verkaufen. Man nutzte die Razzien auch, um nebenbei mit anderen unliebsamen Anarchisten abzurechnen.

Marcel Rödiger wurde verhaftet und in Neuchâtel (Neuenburg) in einen Kerker gesperrt. Der Besitz von Rödiger-Uhren war strengstens verboten. Über die Neu-Zeit durfte nicht gesprochen werden. Heute sind im Uhren-Museum von Neuchâtel noch zwei schön erhaltene Exemplare von Rödiger-Uhren zu sehen. Marcel Rödiger wurde der Zeitrebellion angeklagt, es würde nicht gehen, seine eigene Zeit auszurufen, nur um mehr Zeit zu haben. Die Zeiteinteilung sei hoheitliches Recht, es sei das gleiche Verbrechen, wie wenn man sein eigenes Geld drucken und sich aus dem Geldkreislauf verabschieden würde.

Marcel Rödiger wurde, in einem sehr unfairen Prozess, zu fünf Jahren Kerker verurteilt.

Ein Jahr später wurde Marcel Rödiger von einem sogenannten Rödiger-Haufen befreit. Es waren Gleichgesinnte, die in der Zeit des Zeitverbotes politisiert wurden und Marcel Rödiger als ihren Führer ansahen.

Nach der Befreiung versteckten sie sich im französischen Pontarlier und später in Besançon. 1864 wanderte die Gruppe gemeinsam nach Amerika aus und gründete in Tennessee, USA, eine Rödiger-Gemeinschaft, die bis heute existiert und nach der Neu-Zeit des Marcel Rödiger lebt. Diese Rödiger-Gemeinschaft hat Ableger in vielen Ländern der Erde.

In den ehemaligen sozialistischen Ländern war die Rödiger-Zeit seit 1972 streng verboten, existierende Exemplare mussten zur Normalzeit zurückgebaut werden.

Das Exponat im Museum der Unerhörten Dinge ist eine rückgebaute polnische Rödiger-Uhr, 1982 in Polen erworben.

Literatur:

R. Tiemeyer, *Die Zeit und die Folgen,* Zürich 1975.

T. Tihmer, *Rödiger – ein Visionär?,* Berlin-Neukölln 1978.

T. Tihmer, *Die Zeit als Hebel,* in: Unter dem Pflaster liegt der Strand. Bd. 21, Berlin-Neukölln 1982.

A. Bärlie, *Zeit und Zeitmaschienen im Jura,* Basel 1988

W. Müller-Funk, *Die Uhr als narratives Element,* Wien 1999.

**Über den Versuch,
durch Einflößen von Buchstaben
Kindern das Lesen zu erleichtern**

In Nenzing im österreichischen Vorarlberg ist im Kulturzentrum *Artenne* in einem Archiv ein Löffel zu sehen, dessen Löffelschale mit 20 Löchern perforiert ist. Ein auf den ersten Blick verwirrender Löffel, denn wie sollte, mit einem solchen durchlöcherten Löffel, Suppe jemals erfolgreich gelöffelt werden?

Dieser Löffel ist kein echter Suppenlöffel zum Suppe Löffeln, es ist ein pädagogischer Erziehungslöffel. Ein typischer Buchstabennudelsuppenlöffel aus der zweiten Jahrhunderthälfte des 19. Jahrhunderts. Als solcher wurde er auch in dem Archiv bezeichnet.

Als die Gebrüder Grimm zum Ende der ersten Hälfte des 19. Jahrhunderts die Buchstabensuppe erfanden, um damit Lautverschiebungsexperimente durchzuführen, wurden diese Buchstabennudeln schnell von den Erziehern pädagogischer Einrichtungen übernommen, in der Überzeugung, damit den Kindern schneller und effizienter das Lesen und Schreiben beizubringen.

Der Fall des Kaspar Hauser wurde noch überall diskutiert. Was passiert, wenn ein Mensch ohne Einflüsse von außen aufwächst? In Leipzig wurden mit Findelkindern Versuche angestellt, sie ohne Sprache aufwachsen zu lassen, nur mit Musik, und man erhoffte, dass daraus Menschen entstehen, die die Musik als oder wie Sprache benützen würden. Daniel Gottlob Moritz Schreber entwickelte in dieser Zeit orthopädische Erziehungsgerätschaften, an denen man Kinder festband, damit sie über die Körperfixierung einen gesunden Geist bekämen.

Es war eine Zeit der Pädagogik, bei der man davon ausging, dass das Kind geformt werden könne wie eine Teigmasse, dass Erziehung aus Abrichtung und Dressur bestehe. Still sitzen, auswendig lernen, Gehorsam waren die Ideale einer echten Erziehung.

Der Vordenker und Aufklärer Johann Georg Sulzer über den *Versuch von der Erziehung und Unterweisung der Kinder:* »*Diese ersten Jahre haben unter anderem auch den Vorteil, dass man da Gewalt und Zwang brauchen kann. Die Kinder vergessen mit den Jahren alles, was ihnen in der ersten Kindheit begegnet ist. Kann man da den Kindern den Willen nehmen, so erinnern sie sich hiernach niemals mehr, dass sie einen Willen gehabt haben.*«

1977 bezeichnete die Berliner Soziologin Katharina Rutschky diese Erziehungsmethoden als »Schwarze Pädagogik«. 1980 wurde der Begriff »Schwarze Pädagogik« von Alice Miller in ihrem Bestseller *Am Anfang war Erziehung* übernommen und ist seitdem der Begriff für eine den Kinderwillen brechende Erziehung.

Ausgehend von der Ernährungslehre des in der Mitte des 19. Jahrhunderts sich in aller Munde befindlichen Modearztes Christoph Wilhelm Hufeland, Begründer der Makrobiotik, dass das, was der Mensch isst, er auch ist, entwickelte man für Kinder spezielle Ernährungsdiäten. Kleinkinder im Krabbelalter sollten kein Fleisch bekommen, damit sie nicht auf der Stufe der vierbeinigen Tiere bleiben, später aber, wenn sie aufrecht gehen konnten, sollte man ihnen weniger Gemüse zum Essen geben, damit sie nicht in eine Bewegungsarmut verfallen, wie sie den Pflanzen, dem Gemüse, zu eigen ist.

Kinder sollten immer zielorientiert ernährt werden. Für Kinder, die später einen sitzenden Beruf ausüben sollten, sei mehr vegetarische Kost angebracht, wiederum bei Kindern, die später einen Beruf mit Bewegung, wie Briefbote, Polizist, Kaminkehrer etc. ausübten, sollten bevorzugt mit Fleisch ernährt werden, möglichst Pferde- oder Rindfleisch. Vor Schweinefleisch wurde grundsätzlich gewarnt. Schweinefleisch würde zu moralischen Verwerfungen und zu Fettsucht führen. Für zukünftige Seefahrer wurde der frühzeitige Genuss von viel Fisch dringendst empfohlen.

In diesem Geiste verabreichte man Kindern, die später in lesenden, schreibenden oder kaufmännischen Berufen tätig sein sollten, Buchstabennudelsuppe. Die Überzeugung war, dass mit der Einverleibung von Buchstaben Kinder einen besseren, schnelleren und nachhaltigeren Zugang zum Lesen und Schreiben bekommen. Bald stellte sich heraus, dass Kinder, die noch keine Buchstaben kannten, im Alter vor den Schuljahren die Suppe einfach nur aßen, ohne auf die Buchstaben zu achten. Diese Form von unbeachteter Einverleibung der Buchstaben wirkte sicher auch, aber man ging davon aus, dass eine bewusste Wahrnehmung der Buchstaben vor der Einverleibung, das heißt vor dem In-den-Mund-Stecken, eine tiefere, einprägendere, dauerhaftere Wirkung habe.

Aus dieser Einsicht entwickelten die Pädagogen einen perforierten Löffel, dem die Suppe entrinnt und die Buchstaben erkennbar auf dem Löffel liegen lässt, den Buchstabenlöffel. Die Kinder nahmen nun die Buchstaben deutlich und klar, ohne störende Suppe, auf dem Löffel liegend wahr. Hatten die Kinder mit ihren Buchstabenlöffeln alle Buchstaben gegessen, bekamen sie einen einfachen Suppenlöffel ausgehändigt und konnten nun den flüssigen Anteil auslöffeln. So lernten die Kinder, zusätzlich zu den Buchstaben, früh das Wässrige von Festem zu unterscheiden, das Wesentliche vom Unwesentlichen, die Schrift von dem Papier.

In einigen sehr ambitionierten Erziehungsanstalten bekamen die Kinder nur noch Buchstabennudeln zu essen, was bald zur Fehlernährung führte, woraufhin die Kinder als untauglich ausgemustert wurden. Man erklärte sich die Fehlentwicklung der Kinder damit, dass in ihren Magensäften die Säfte für das Lesen und Schreiben nur gering vorhanden wären und sie daher die Buchstabensuppe nicht vertrugen.

Anfang des 20. Jahrhunderts wurde die Buchstabensuppe als Erziehungsmethode immer weniger verwendet.

Die Grundhaltung, dass der Bauch, die Verdauung einen großen Einfluss auf das Wesen eines Menschen hat, ist in der Sprache bis heute zu finden, spricht man doch von einen »Bauchgefühl« oder »ich höre auf meinen Bauch«, »mein Bauch sagt mir«, »aus dem hohlen Bauch heraus« etc.

Heute ist die Buchstabensuppe eine beliebte Suppe bei Kindern, die lesen und schreiben können, es ist ein Spiel mit Buchstaben in der Suppe.

Literatur:

A. Miller, *Am Anfang war Erziehung*, Frankfurt am Main 1980.

A. Miller, *Du sollst nicht merken*, Frankfurt am Main, 1981.

K. Rutschky, *Schwarze Pädagogik*, München 1977.

A. Michel, *Das manipulative Essen*, Berlin 2011.

M. Liebreiz, *Über das Falsche Selbst bei Donald Winnicotts*, Sammelband, Essen 2003.

G. Wolf, *Über die Dressur des Kindes*, Berlin 2013.

J. G. Sulzer, *Versuch einiger vernünftigen Gedancken von der Auferziehung und Unterweisung der Kinder*, Zürich 1745.

**Muscheln, aus denen
die Perlmuttknöpfe für
die Soldaten der Kaiserin Maria
Theresia hergestellt wurden,
und warum eine Kiste dieser
Knöpfe in Mexiko im Museum
für Landeskunde zu finden ist**

Im Frühjahr des Jahres 1743 fuhr eine hochherrschaftliche Kutsche samt aufwendiger Begleitung auf dem Schlosse Riegersburg vor. »Do sama, Franzl, steig' ma aus!«, hörte man eine resolute Frauenstimme sagen. Es war die große Maria Theresia, eine der bedeutendsten Frauen der Weltgeschichte, die hier in der tiefen Provinz Halt machte und Herberge begehrte.

Ganz unerwartet kam sie nicht, aber dass sie an diesem Tag kommen würde, hatte niemand geahnt. Das Personal kniete nieder, hörte sich Ermahnungen der Kaiserin an und machte sich erst nach mehrmaliger Aufforderung wieder an die Arbeit.

Maria Theresia war unterwegs nach Prag zu Verhandlungen über den böhmisch-mährischen Frieden. Wichtige Beratungen in Wien hatten ihre Abreise verzögert, sie hatte aber schließlich beschlossen, zu fahren und in Schloss Riegersburg zu übernachten, das von ihrem Begleiter, dem siegreichen Feldmarschall Ludwig Andreas Khevenhüller, immer wieder ins Gespräch gebracht worden war. Der Besitzer und Bewohner des Schlosses, Johann Joseph Khevenhüller, Neffe des Feldmarschalls, war Oberhofmeister der Kaiserin, aber mit der Kaiserin persönlich noch nicht zusammengetroffen.

Ludwig Andreas Khevenhüller hatte Maria Theresia von einer Perlmuttknopfmanufaktur in der Gemarkung seines Neffen Johann Joseph erzählt. Im Dörfchen Hardegg, unterhalb der Burg Hardegg am Grenzfluss Thaya, holten tüchtige Leute Muscheln aus dem Fluss und machten daraus hochwertige und sehr haltbare Knöpfe.

Maria Theresia, schon damals zumindest in Gedanken mit ihrer Militärreform beschäftigt – eine Reform, die sie 1749 in einer ersten Fassung einleitete –, war sehr an den Knöpfen interessiert. Getreu ihrem Leitspruch »Justitia et clementia« (Gerechtigkeit und Milde) lag ihr ein einheitliches Aussehen ihres Militärs am Herzen, denn was sollten die Menschen von ihren Soldaten halten, wenn diese unterschiedlich gekleidet waren? So schuf sie später das erste gesamtstaatliche Heer mit 108.000 Soldaten, alle mit einer Einheitsuniform gut bis ausreichend gekleidet.

Die Uniform sollte strahlen, und was sieht man als Erstes an einer Uniform? Die Knöpfe! Und darum legte sie auf gute Knöpfe einen ganz besonderen Wert, haltbare und glänzende Knöpfe wünschte sie sich. Die Hosen und der Soldatenfrack sollten nicht länger von Kordeln zusammengehalten werden. Jeder Soldat eine Zierde der Kaiserin und jeder Knopf eine

Zierde des Soldaten! Es durfte nicht sein, dass beim ersten Scharmützel ihre Soldaten mit herabfallenden Hosen in der Schlacht standen – mit vollen, wenn es sein musste, aber nicht mit heruntergefallenen.

Mit dem Feldherrn Ludwig Andreas Khevenhüller und in Begleitung seines Neffen statteten Maria Theresia und ihr Mann Franz Stephan den tüchtigen Leuten, die die Knöpfe herstellten, einen Besuch ab und ließen sich die neuesten Produkte zeigen.

Die Kaiserin war so begeistert von den Knöpfen und der Sorgfalt bei deren Herstellung, besonders aber von der Bescheidenheit der »fleißigen Leuten von Hardegg«, dass der Spruch »wie die fleißigen Leute von Hardegg« für sie ein Synonym für tüchtige, brave Menschen wurde. Sie orderte später noch viele Knöpfe in Hardegg. Eine eigene Produktionslinie wurde eingeführt, so dass bald die Muscheln in dem Fluss Thaya ausstarben und man Muscheln aus anderen Flüssen verarbeiten musste.

Maria Theresia besuchte noch etliche Male das Schloss Riegersburg. Zwei von ihr als Geschenk mitgebrachte Kommoden kann man heute noch auf dem Schloss in einem der Prunkräume, dem Chinesischen Salon, besichtigen. Es ist ein Geschenk an den später von ihr zum Fürsten erhobenen Johann Joseph Khevenhüller.

Am 10. November 1864, 121 Jahre später, schiffte sich Rittmeister Johann Carl Graf Khevenhüller mit mehreren treuen Offizieren an der Loiremündung in St. Nazaire in Frankreich ein und betrat am 7. Dezember im Hafen von Vera Cruz den Boden Mexikos. Nach einer mehrtägigen Bahn- und Wagenfahrt erreichten sie Mexiko-Stadt, wo Kaiser Maximilian von Mexiko residierte. Maximilian, auch »der Unglückliche« genannt, hatte seinen traumhaft schönen Sitz bei Triest, das Schloss Miramar, gegen einen Kaiserstuhl voller Dynamit getauscht. Rittmeister Johann Carl Graf Khevenhüller folgte seinem Kaiser und führte die 5. Esquadron mit 60 Husaren. Diese Roten Husaren waren bald berüchtigt und beim Feind gefürchtet, ja allein ihre Anwesenheit zeigte bereits Wirkung. Rittmeister Graf Khevenhüller brachte eine Kiste voller Knöpfe mit, die noch von der Kaiserin Maria Theresia stammten. Er übergab diese Kiste unter brausenden Vivat-Rufen seiner Husaren dem neuen Kaiser Maximilian von Mexiko und schwor ihm ewige Treue.

Als der gekrönte Kaiser von Mexiko am 19. Juni 1867 von einem Kriegsgericht zum Tode verurteilt und das Urteil sofort vollstreckt wurde, ging die kaiserliche Hinterlassenschaft in den Besitz des Staates über. General Díaz, der spätere Präsident der Republik Mexiko, der gegen die Erschießung war, ordnete an, dass die ganze Hinterlassenschaft aufbewahrt werden sollte. So kam die Kiste mit den Knöpfen von den »fleißigen Leuten von Hardegg« in das Museum für Landeskunde in Mexiko. Dort stehen sie heute im Kellerraum Nr. C-54 A mit anderen Hinterlassenschaften des Kaisers Maximilian, der Öffentlichkeit nicht zugänglich.

Am 22. Juli 1867 wurde Rittmeister Graf Khevenhüller mit den ihm verbliebenen Husaren wieder nach Europa eingeschifft. Er zog sich nach dem Schlosse Riegersburg zurück, heiratete und beschäftigte sich mit astronomischen Messungen, Kartografie, Geografie, Medizin, bestieg am 24. November 1869 den Berg Sinai, machte eine 17-tägige Wüstenreise mit 70 Mann und 160 Kamelen, reiste nach Bombay und wieder zurück. König Ludwig II. von Bayern verlieh ihm den Georgsorden und schlug ihn zum Ritter. Khevenhüller besuchte mehrmals den Papst und begrub als großer Tierfreund seine geliebten Hunde auf einem eigens eingerichteten Hundefriedhof, der heute noch zu besichtigen ist.

Zwischen Hardegg und dem Schloss Riegersburg im Ort Felling gibt es bis heute eine Perlmuttknopfmanufaktur, die Perlmuttdrechslerei Romana Mattejka, inzwischen die einzige Österreichs. Dort werden bis heute hochwertige

Perlmuttknöpfe hergestellt. Die benötigten Muscheln kommen allerdings nicht mehr aus heimatlichen Gewässern, sondern müssen aus Australien und anderen Überseeländern importiert werden.

Literatur:

Bestandskatalog des Museums für Landeskunde, Mexiko City 1995.
H. Fazekas, *Die Genealogie der Königshäuser*, Wien 2005.
F. Müller, *Barockschloß Riegersburg*, Fronsburg o.J.
Ders., *Johann Carl Fürst Khevenhüller-Metsch, ein Kampfgefährte Kaiser Maximilians von Mexiko, ergänzt von Francesca Filo della Torre – Gräfin Pilati*, Riegersburg 1990.
L. Nikolić, *Die Sprache am Hofe*, Wien/Belgrad 2003.
www.perlmutt.at

Wie sich der Husar Curt Friedrich Ernst von Watzdorf zu Wiesenburg so lange am Riemen riss, bis er riss, oder Wie aus einer Überlebensstrategie eine Redensart wurde

Am Anfang des 20. Jahrhunderts tauchen zwei neue Begriffe in der deutschen Umgangssprache auf: »sich am Riemen reißen« und der Begriff »Schock, unter Schock stehen«.

Beide Begriffe entstammen der militärischen Kultursprache, beide Begriffe beschreiben einen psychischen Prozess. »Sich am Riemen zu reißen« soll heißen, sich »nicht gehen zu lassen«, der Betreffende soll sich seinen Gefühlen, seinen momentanen Empfindungen nicht hingeben, er soll sie, und sich, überwinden und sich an einem »Höheren« als dem Momentanen orientieren; es ist ein Appell, sich selbst, seine Weichheit zu verleugnen zum Zwecke eines Besseren.

Das Wort »Schock« beschreibt einen Zustand, in dem ein »am Riemen reißen« nicht mehr hilft, wo die Gefühle, das Erlebte nicht mehr einzuordnen sind, wo der »Schockierte«, der »Geschockte« sich nicht mehr orientieren kann, wo alle bisherigen Erfahrungen und Verarbeitungsstrategien versagen.

Es ist ein Zustand einer großen geistigen Erschütterung, die oftmals mit somatischen Reaktionen einhergeht.

Nicht zufällig erscheinen beide Begriffe während des Ersten Weltkrieges. Der von Sigmund Freud beschriebenen Macht der Psyche konnte sich die Medizin nicht mehr entziehen, was sie allzu gern getan hätte. Konnten doch die fortschrittlichen Mediziner mit der Anerkennung einer Psyche das erste Mal den Zustand beschreiben, den sie schon bei Eisenbahnkarambolagen beobachtet hatten: die plötzliche Totalveränderung eines Menschen nach einem Unfall ohne irgendwelche äußerlichen Traumatisierungen. Die Ärzte im Kriegseinsatz beobachteten das gleiche Symptom bei Soldaten und bezeichneten den Zustand als »Schock«. Den Begriff entnahmen sie einer Schlachtenordnung des Mittelalters. Ein Schock bezeichnete einen Haufen von Spießträgern, die eine lebendige Mauer bildeten und eng geschlossen auf den Feind zugingen. Trafen zwei Schocks mit gedeckten Schilden aufeinander, war der Aufprall oftmals so groß, dass die Soldaten torkelnd umfielen, ohne gestochen worden zu sein, sie waren »geschockt«, wie man daraufhin den Zustand nannte.

Während des Ersten Weltkrieges wurden zum ersten Mal Soldaten aufgrund eines »Schockzustandes« kriegsuntauglich geschrieben und an die Heimatfront zurückgeschickt, der Zustand, der Begriff wurde unter diesem Namen zum ersten Mal in großer Zahl aktenkundig.

Die Redewendung »sich am Riemen reißen« wurde gleichzeitig wie der Begriff des »Schocks« populär. Einige Medizinhistoriker sehen ihn als Gegenreaktion zum »Schock« an. »Sich am Riemen reißen« wurde meist von den Ärzten angewendet, die vom »Schock« und Derartigem wenig hielten, sondern sich auf ein absonderliches Seelenleben der Soldaten beriefen. Sie vertraten die Meinung, dass die Soldaten, die unter einem sogenannten »Schock« litten, nur verweichlichte Memmen seien. Sie sollten sich nur »am Riemen reißen«, um wieder verwendungsfähig zu werden, und sei es nur, um in einem der Schützengräben in Ehren für das deutsche Vaterland zu fallen. Dies sei besser, als verweibischt in irgendwelchen Anstalten ihren vor dem Feind feigen Körper auszuruhen und unehrenhaft weiterzuleben.

Die Redensart »Reiß dich am Riemen« hörte man nach dem Ersten Weltkrieg in ganz Deutschland von den aus dem Krieg zurückkommenden Vätern. Sie führten damit in den Familien, besonders bei ihren Söhnen, den verlorenen Krieg weiter, um ihn, zumindest privat, doch noch zu gewinnen.

Die Redensart selbst stammte von einer Schar preußischer Garde-Husaren, die in dem zurückliegenden Kriege keine Rolle mehr gespielt hatten, da es der erste industriell geführte Krieg war, in dem Materialschlachten entscheidender waren als auf Tapferkeit getrimmte Husaren.

Der Kommandeur dieser preußischen Garde-Husarenschar im deutsch-französischen Krieg 1870/71, Curt Friedrich Ernst von Watzdorf, erfand das Verfahren, »sich am Riemen zu reißen«, benützte die Methode anfänglich sehr erfolgreich bei sich selbst und propagierte sie danach bei seinen Untergebenen.

Curt Friedrich Ernst von Watzdorf war ein feinsinniger und feinfühlender Mensch. »Ach, hätt ich denn nur zwei Seelen in meiner Brust«, zitierte er immer wieder Goethe, er war aber auch ein rechter Haudegen, wenn er seine ihm untergeordnete Schar Husaren anführte.

Eine seiner Leidenschaften war das geerbte Schloss Wiesenburg im Hohen Fläming und besonders die dort von ihm begonnenen Gartenausbauten sowie seine Fasanerie. Die Begeisterung für seine Pflanzungen in seinem Park zu Wiesenburg trieb ihn durch ganz Europa, um neue und immer seltenere Hölzer zu finden, die er dann seinem begabten Förster Carl Gebbers zum Anbau im englischen Stil übergab. Sein Park gilt bis heute zwischen Wörlitz und Potsdam als der schönste. Viele Kenner ziehen ihn wegen seiner Vielfalt, Ausgeklügeltheit und Eigenarten den anderen vor.

Eine zweite und sein Leben prägende Leidenschaft war seine Liebe, eine unerwiderte Liebe. Sie, die Hochverehrte, war einem anderen, Höheren versprochen. Er lernte sie, die bis heute noch immer nicht namentlich benannte württembergische Prinzessin im jugendlichen Alter in Kannstadt, seit 1030 Bad Cannstatt, kennen, wo sie sich gegenseitig ewige Liebe und Treue versprachen. Er nahm sich vor, sein ererbtes Schloss Wiesenburg standesgemäß für seine Liebe umzubauen, um der unter ihrem Stand, nur aus Liebe heiratenden Prinzessin eine angemessene Heimstatt zu geben. Doch eines Tages kam ein geheimer Brief vom württembergischen Hof, in dem ihm mitgeteilt wurde, dass aus dieser Liebe nichts werden könne, da die Prinzessin nicht selbst entscheiden könne, wessen Ehefrau sie werde. Sie gehöre nicht sich selbst, wie es bei den unteren Ständen neuerdings üblich sei, sie gehöre dem Wohl des Geschlechts, sie sei seit langem versprochen. Er solle Abstand nehmen von jeglichen Gefühlen der Prinzessin gegenüber. Der Brief war im üblichen Befehlston gehalten, wie ihn der hohe Adel dem unteren Adel zukommen ließ und war mit Walter Ulrich unterzeichnet. Den Brief vernichtete er, wie es im Postskriptum gebieterisch verlangt wurde.

Franz Hardenburg, mit dem ihm die dritte Leidenschaft verband, das Dienen seiner Majestät als Husar, als Garde-Husar, schrieb in seinen Memoiren:

»... Drei Tage schwieg mein Freund Kurt (Curt Friedrich Ernst von Watzdorf ist gemeint), nahm kein Essen zu sich, schwankte aufrecht wie es vereinzelt tödlich Verletzte im Kriege tun, die getroffen noch Achtung vor der Fahne zeigen, um dann ehrenvoll zu fallen, umzufallen. Der Brief schien ihn ähnlich getroffen zu haben wie eine Kugel auf dem Felde oder ein Degenhieb in einer Schlacht. Es scheint mir, dass seine spätere Krankheit, die er selbst vor mir lange Zeit verbarg, damals seinen Anfang nahm...«

Vierzehn Tage nach diesem Brief, den er als entgegengenommen quittierte, musste er zu einer angesetzten militärischen Übung ins nahe gelegene Jüterbog. Ihm war Angst und Bange. Wie sollte er als stramm geradestehendes Vorbild vor seiner Schar erscheinen? Wie sollte er von seinen Untergebenen verlangen, kraftvoll zu exerzieren, wo er selbst nur gebückt und niedergeschlagen stehen konnte, schwankend, in sich zusammengesunken, leidend?

Er legte seine Uniform an, er war in den letzten vierzehn Tagen abgemagert, zog seinen Koppel enger und legte seinen quer über seinen Oberkörper laufenden Riemen an und sah im Spiegel, wie er schlaff in seiner Uniform steckte, wie der Riemen traurig an ihm herunterhing.

So konnte er unmöglich erscheinen. Sich krankzumelden gab es nicht, ein Watzdorf hatte sich noch nie krankgemeldet. Er strich seinen Riemen glatt und riss, plötzlich zornig geworden, an ihm und merkte, dass er sich dadurch automatisch aufrichtete, reflexartig eine stramme Habacht-Haltung einnahm.

Dies war das erste Mal, wo ein Mann durch einen gezielten Riss am Riemen wieder eine korrekte, militärische Haltung einnahm, sich daraufhin schlagartig besser fühlte, seine Selbstbeherrschung wieder zurückgewann, seine Weichheit, sein Weibischsein überwand und wieder Mann wurde, stramm, aufrecht, bereit und hart, durchsetzungsfähig bei sich und bei anderen.

Die anschließende vierwöchige Übung überstand Watzdorf sehr gut. Jedes Mal, wenn er sich bedrückt fühlte, seine Liebe sich unbeabsichtigt in seine Gedanken schlich, jedes Mal, wenn er an seinen Gestalt annehmenden Garten dachte, riss er sich an seinem Riemen, und schon nahm er geistig wie körperlich eine andere Haltung an. Seine immer wieder auftauchende beängstigende Weichheit wurde gerade gerückt, er stand aufrecht, war wieder Husar, Herr über einen Degen und konnte seine Soldaten vorbildlich führen.

Das, was ihm half, sollte auch seinen Soldaten helfen. Alsbald hörte man regelmäßig beim morgendlichen Appell seinen Ruf »Reißen sich alle am Riemen«, und seine Schar stand beim Exerzieren gerade wie eine Eins.

Eines Tages stellte sich ein leichtes Zittern ein, und die konsultierten Ärzte diagnostizierten ein neuralgisches Nervenleiden. Sein nervöses Zittern und seine späteren sporadisch auftretenden Wanderlähmungen unspezifischer Art galten als unheilbar. Einmal war es die Hand, dann wieder das Bein, das lahmte, plötzlich juckte tagelang der Oberschenkel oder eine Gesichtshälfte fühlte sich taub an.

Bei seinen Husaren riss er sich in immer kürzeren Abständen stark an seinem Riemen. An dem siegreichen Krieg gegen die Franzosen, 1870/71, nahm er begeistert und gefeiert teil. Was man äußerlich nicht sah, was er selbst nicht wahrnahm, war eine aufkommende Müdigkeit des immer öfter notwendigen Riemen-Reißens.

In der nachfolgenden Zeit machte sich sein Nervenleiden immer bemerkbarer, sodass er noch etliche Tapferkeitsabzeichen bekam, um dann von seinen heiß geliebten Husaren Abschied zu nehmen. Er blieb als beratender Husar den Garde-Husaren bis zu seinem Tod erhalten.

Viel zu früh und viel zu jung verstarb er 1881 nach langem Leiden. In seinen letzten intensiven Gesprächen mit seinem Geistlichen, der ihm seelischen Beistand gewährte, soll er immer wieder über die Vor- und Nachteile eines Riemen-Reißens gesprochen haben. Als man ihm auf seinem Sterbelager seinen Riemen reichen wollte, winkte er mit der Hand ab und sagte: »*Lasst sein, es ist genug gerissen* (lange Pause). *Er ist gerissen, mein Riemen, es wurde zu viel an ihm gerissen, viel zu viel*«, und schlief erschöpft ein. Sein Diener untersuchte verwundert den Riemen und tatsächlich, er stellte fest, dass der Lederfleck, der die Riementeile zusammengehalten hatte, gerissen war.

Ein Splitter des Felsens, auf dem Francesco Petrarca am 26. April 1336 auf dem Mont Ventoux (1912 Meter) saß, nach der ersten Bergbesteigung der Geschichte

Seit dem 26. April 1336 heißt der »Dichter aller Zeiten« Francesco Petrarca auch »Vater des Bergsteigens«, und der 26. April wird als der »Geburtstag des Alpinismus« bezeichnet.

»Altissimum regionis huius montem, quem non immerito Ventosum vocant, hodierno die, sola videndi insignem loci altitudinem cupiditate ductus, ascendi.«

(Den höchsten Berg unserer Gegend, der nicht unverdienterweise der Windige [ventosus] genannt wird, habe ich gestern bestiegen, lediglich aus Verlangen, die namhafte Höhe des Ortes kennen zu lernen ...)

Diese Zeilen schickte der Dichter Francesco Petrarca in einem Sendschreiben an François Denis aus Borgo San Sepolcro am 26. April 1336, an dem Tag, an dem er – als erster

Mensch der Geschichte – einen Berg nur aus Freude und Neugierde bestieg, die Aussicht genoss, wieder hinunterstieg und das Erlebte beschrieb.

Der Dichter setzte sich auf dem Mont Ventoux auf einen Felsen und las, wie er berichtete, im zehnten Buch der *Bekenntnisse* des Augustinus. Er war so hin- und hergerissen zwischen den heiligen Texten des Geistes und der Heiligkeit des Anblickes der Landschaft, die sich vor ihm auftat, dass er vielleicht sogar seine geliebte Laura vergaß, obwohl er vom Gipfel des Berges bis in die Bergwelt Italiens sehen konnte.

Nachdem der Dichter auf dem Berg gewesen war, sprach es sich immer mehr herum, dass Berge der Aussicht wegen bestiegen werden können; es fanden sich immer mehr Nachahmer, bis sich im 19. Jahrhundert der Alpinismus mit allen Auswirkungen, Verwirrungen sowie Sensations- und Serienabstürzen am Matterhorn etablierte.

Den Felsen, auf dem Petrarca saß, kein großer Felsen, vielmehr ein kleines Felslein, nannte man anfangs Mons Ventosus, später *Pierre de Poète*, der Dichterfelsen. Je bekannter der Berg wurde und je beliebter dieser Gipfel als Vorposten am Südwestrand der Alpen, desto mehr vergaß man seine Bedeutung.

Obwohl nur noch von wenigen benannt und gekannt, überstand der Dichterfelsen merkwürdigerweise die großen Baumaßnahmen des 20. Jahrhunderts auf dem Gipfel fast unversehrt. Und dabei wurde er ständig zur Seite geschoben und umhergeworfen, wurde nicht als Sehenswürdigkeit gewertet, stand unter keinerlei Schutz, war weder Denkmal noch Naturereignis. Am 8. April 1995, fast 659 Jahre nach der Epoche machenden Wanderung, traf während eines Gewitters ein Blitz den Stein und riss ihn auseinander.

Der holländische Führer Henk aus Vaison-la-Romaine, der auf sehr freundliche Art die Touristenmassen durch die römischen Ausgrabungen des Ortes schleust und ein Kenner der Regionalgeschichte ist, machte mich auf den Stein aufmerksam und sorgte dafür, dass ich den kümmerlichen Rest des noch identifizierbaren Dichtersteins bergen konnte.

Literatur:

Deutscher Alpenverein (Hg.), *Frühe Zeugnisse der Alpenbesteigung*, München 1986.

M. Karbe, *Vom Finden der Aufzeichnung*, Berlin 1992.

**Vom weißen Rotwein
oder Wie der Messwein
seine rote Farbe verlor**

Bis zur zweiten Hälfte des 15. Jahrhunderts wurde ausschließlich Rotwein als Messwein verwendet. Weißwein wurde zum ersten Mal im Jahre 1478 als Messwein zugelassen. In einem Schreiben an Papst Sixtus IV., der gerade mit dem Bau einer neuen päpstlichen Hauskapelle beschäftigt war, bat Bischof

Philipus Bruno aus Cuneo untertänigst um Zulassung eines roten Blauen Spätburgunders, der weiß gekeltert wurde, als Messwein zur Feier der heiligen Eucharistie. Ein Fässchen von diesem weiß gekelterten Roten wurde mitgeschickt, damit seine Exzellenz in Rom auch sinnlich erfahre, worum es gehe, und kosten könne, ob dieser Wein zur Ehre Gottes gereiche. Ein Antwortschreiben, datiert auf den 8. Oktober 1478, erlaubt die Verwendung dieses weiß gekelterten roten Blauen Spätburgunders, und ein Zusatz erwähnt, dass seiner päpstlichen Exzellenz der Wein sehr gemundet habe und ob es möglich sei, noch einmal ein Fässchen in die Heilige Stadt zu schicken, aber bitte doch ein etwas größeres als das letzte.

Der Blaue Spätburgunder war als Messwein der beliebteste und der für liturgische Zwecke verbreitetste. Viele Legenden umranken den Burgunder-Wein; so soll der Essig, den man dem Herrn Jesu am Kreuze mit einem Schwamm an einer Lanze reichte, Essig aus gekipptem Burgunder gewesen sein. Es wird auch erzählt, dass auf den Hängen des Weinberges, auf dem Jesus in der Karwoche seinen Tod vorausschaute, Burgunderreben wuchsen und dass der süße Duft der Reben den großen Schmerzen Jesu ein kleiner Trost war. Eine andere Legende berichtet, dass bei der Hochzeit in Kanaa der zweite Wein ein Burgunder gewesen sei.

Historisch klar nachweisbar ist, dass die Weinsorte 1226 erstmalig erwähnt wurde, und anzunehmen ist, dass er schon zweitausend Jahre früher kultiviert wurde. Dieser Spätburgunder wurde dann im 15. Jahrhundert im Gebiet des Piemont in großen Flächen angebaut. Heute ist er dort fast gänzlich verschwunden. Damals aber schätzte man das Purpurrot des Weines, es kontrastierte mit den weißen Tüchern der Altäre und den farbigen liturgischen Gewändern der Priester.

Mitte des 15. Jahrhunderts lebte in dem kleinen Piemonter Städtchen Saluzzo der Stadtpfarrer Gino Dante. Der Pfarrer war sehr beliebt wegen seiner mitreißenden Predigten. Von überallher kamen Menschen in die Stadt, nur um seine

Predigten zu hören und voll neuer Kraft wieder nach Hause zurückzukehren. Dieser Pfarrer erlebte seine eigenen Predigten selbst sehr intensiv, arbeitete mit seinem ganzen Körper, riss ihn immer wieder hoch, ließ ihn in sich zusammenfallen, fuchtelte ausladend mit seinen Händen, um die Worte des Herrn anschaulich und intensiv darstellen zu können – und verschüttete dabei regelmäßig den roten Messwein. Die Folge war, dass man nach fast jeder Messe das stark befleckte Altartuch austauschen musste. Das wäre ja noch gegangen, aber bei seinem großen Körpereinsatz zur Verkündigung des Herrn schüttete er auch immer wieder Rotwein auf sein Messgewand. Diese Messgewänder waren sehr reich verziert und dementsprechend teuer. Dies war den Bürgern von Saluzzo sehr ärgerlich, man konnte ja nicht ständig neue Messgewänder kaufen, nur weil Monsignore Dante so schusselig war. Auf der andern Seite mochte man auf den populären Priester nicht verzichten; man hätte ihn ja in ein Kloster abschieben können oder in eine Landgemeinde, wo es auf Sauberkeit nicht so ankam. Aber hier in der Stadt, in die so viele Fremde kamen, nur um ihn zu hören, konnte man den Pfarrer nicht mit verfleckten Messgewändern zum Altar schicken.

Mit allen Mitteln der Reinigung, den allgemein üblichen und den geheimsten, von der Mutter auf die Tochter vererbt, versuchten die Frauen von Saluzzo die Rotweinflecken zu entfernen. Es misslang meist, und wenn es so einigermaßen ging, war spätestens bei der nächsten Messfeier alles wieder zunichtegemacht. Zudem gab es immer wieder Streit, ob es denn überhaupt erlaubt sei, diesen Flecken mit allen Mitteln entgegenzutreten, denn wenn die Flecken nach der Heiligen Wandlung entständen, wäre es ja das Blut Christi, und dem könne man nicht einfach mit profanen Scheuermitteln zu Leibe rücken. Immer wieder drängte man die Bürger zu Extra-Abgaben, weil schon wieder ein neues Messgewand und neue Altartücher gekauft werden mussten. Dieser Umstand ging den Saluzzer Bürgern ganz einfach auf die Nerven, so dass sie beim zuständigen Bischof Philipus Bruno in Cuneo nachfragten, ob denn der Stadtpfarrer nicht ausnahmsweise, mit Sondergenehmigung, Weißwein benützen dürfe, es sei ja nicht mehr auszuhalten.

Ihnen wurde unverzüglich mitgeteilt, dass dies unmöglich sei, der Messwein müsse ein roter sein, denn was man zu sich nähme, sei das Blut Christi und nicht der Schweiß Christi, und Blut sein nun mal rot und nicht weiß. Sie müssten sich halt entscheiden, entweder den Stadtpfarrer Gino Dante abzuschieben oder aber mit ihm weiter zu brillieren und bußfertig Wäsche zu waschen (Bischof Philipus Bruno erlaubte ausnahmsweise, dass auch schon verwandelter Wein ausgewaschen werden könne, aber bitte behutsam) und ab und an ein neues Messgewand zu kaufen. Zurzeit wären die Messgewänder der Nonnen zum Heiligen Blut die schönsten und sehr preisgünstig. Das Kloster dieser Nonnen unterstand dem unmittelbaren Besitztum des Bischofs.

Die immer wiederkehrenden Aufforderungen, der Pfarrer solle in Zukunft den Burgunder mit mehr Wasser verdünnen, halfen nicht, denn Gino Dante schüttete immer nur sehr wenig Wasser in den Wein, so wenig wie möglich, er mochte Wasser im Wein nicht und erklärte, je weniger Wasser im Wein sei, umso intensiver sei Jesus beim Heiligen Abendmahl anwesend.

Ein Weinbauer aus Revelo, in der Nähe von Saluzzo, direkt an den ersten Hängen der südlichen Alpen gelegen, hörte den Pfarrer Dante gern predigen und kannte das Problem von vielen Gesprächen mit der Stadtbevölkerung. Dieser dachte sich nun: Wenn man ständig die Messgewänder des schussligen, aber beliebten Pfarrers von Rotweinflecken reinigen und sogar öfters durch neue ersetzen muss, weil die Verfärbung sie unansehnlich macht, dann müsste man einfach vorher ansetzen und es gar nicht erst zu Verfärbungen kommen lassen. Der Bauer war kein Mensch der Theorie, er machte sich gleich an die Arbeit und behandelte nach der nächsten Weinlese einen Teil seines Blauen Burgunders wie einen Weißwein. Er trennte beim Keltern bereits in der Maische die Schale vom Traubensaft, ließ so dem Wein keine Chance zur Extraktion, zur Herauslösung des Farbstoffes, und verhinderte dadurch, dass der Rotwein rot wurde.

Das Resultat war ein Rotwein, ein klassischer Rotwein aus der Burgunderrebe, der aber keine rote Farbe hatte. Als die Gärung abgeschlossen war und der Winzer die ersten Proben zog, war er sehr erstaunt, was für einen guten, ja exklusiven weißen Rotwein er gekeltert hatte.

Er schickte die ersten Flaschen dem Pfarrer Dante zur Probe. Dieser war ganz begeistert und sandte ein Gebinde an den Bischof, dieser wiederum ein Fässchen an den Papst. Im Herbst 1478 lag dann die Erlaubnis zur Verwendung des weißen roten Blauen Spätburgunders als Messwein vor.

In der zweiten Sitzungsperiode des epochemachenden gegenreformatorischen Konzils von Trient (1551–1552) wurde aufgrund der Erfahrungen von Saluzzo generell jeder Wein, welcher Farbe auch immer, der gewissenhaft und ohne Zusatz von fremden Stoffen gekeltert wird, als Messwein zugelassen.

Literatur:

R. Grosslindner, *Der reine Messwein*, St. Pölten 1959.
J. Priewa, *Wein*, München 2000.
G. Schmid/A. Schulz, *Die Weinlese – Verfahren, Regionen, Menschen*, Berlin 2002.

Zur Geschichte von Naturinterpretationen anhand eines Gerölls aus dem Naturhistorischen Museum zu Wien

Bei Eggenburg in Österreich, ca. 80 Kilometer westlich von Wien, dort, wo die große Ebene aufhört und die Landschaft ansteigt, wo das österreichische Waldviertel beginnt, an einem der ersten Berghänge, liegt der Steinbruch Limberg. Diesen Steinbruch nennt man auch ›Blätter der Erdgeschichte‹, weil sich hier alle Verschiebungen, Ablagerungen und Rückstände von über 20 Millionen Jahren, fast nach Jahreszahlen sortiert, abzeichnen und ablesen lassen.

Johann Krahuletz (1848–1928) aus Eggenburg, der eifrige Sammler, der von aller Kritik und allen Anfeindungen unangefochten seine Forschungen betrieb und seine archäologische Sammlung zu einem archäologischen Museum auf- und ausbaute, erkannte in der Neuzeit als Erster die Einmaligkeit dieses Steinbruchs. Eine Besonderheit sind die glatten, kugelrunden Steine in verschiedenen Größen. Diese Steine werden heute als Geröll bezeichnet und sind aus Maissauer Granit, ein sehr festes und widerstandsfähiges Gestein. Aber nicht nur steinkundlich sind diese runden Steine interessant, anhand ihrer Interpretation und Verwendung lassen sich ihre Geschichte, ihr Gebrauch und der Wandel der Sichtweisen und deren Zeitgebundenheit ablesen und darstellen.

Diese runden Steine waren schon seit Menschengedenken beliebt: In etlichen Höcker- und Hügelgräbern aus der Bronzezeit und der älteren wie jüngeren Eisenzeit findet man sie nicht selten als Grabbeigaben. Bei Funden in den frühgeschichtlichen Siedlungen in Kagran und Aspern, im Stadtgebiet des heutigen Wien, fanden sie sich ebenfalls, ihre Bedeutung ist aber, da es sich hierbei nicht um Grabbeigaben handelt, noch ungeklärt.

Schon bald nachdem die Römer um 15 nach Christus ihr Legionslager Carnuntum, auf dem Gebiet des heutigen Wien, anlegten, tauchten erste kugelige Steine in Rom auf. Als die Legion X Gemina Pia Fidelis um 114 nach Christus ihr Hauptquartier in Vindobona, wie das Lager nun hieß, ausbaute, entstand bis zu ihrem Abzug um das Jahr 500 ein reger Handel mit dem Geröll. Im alten Rom galt es als sehr schick, solche Kugelsteine zu besitzen und zu zeigen. Manche Historiker schreiben ihnen auch zeremonielle Eigenschaften zu.

Die erste schriftliche Erwähnung der Steine stammt aus dem Jahre 1213. In einem in Fragmenten erhaltenen Schreiben an den neu gewählten Papst Benedictus VIII. schreibt Bischof Ottbrecht von einem Weiler namens Luftritz (ca. 20 Kilometer vom heutigen Eggenburg entfernt) und berichtet, dass die Bevölkerung über einen Landeplatz von Luftschiffern rede, dass dort selbige landeten, um die dort vorkommenden, gleichmäßig runden, kugeligen Steine als notwendigen Ballast aufzunehmen. Der Glaube an die

Luftschiffer war in Europa weit verbreitet, überall wurde von ihnen berichtet. Ein Zentrum der Luftschifferlandeplätze war Südfrankreich, die Gegend um Lyon, aber auch aus England, Spanien, Norddeutschland und eben aus Österreich wurde über ihr Vorkommen und ihre Aktivitäten berichtet. Die Existenz von Luftschiffern ergab sich aus dem Glauben, dass der Raum oberhalb der Wolken, das Blau des Himmels und der Himmel selbst, belebt und besiedelt sei. Die dort Lebenden – die Luftschiffer – kämen manchmal auf die Erde herab, um Ballast aufzunehmen, der für ihre Luftschiffe notwendig sei, um Höhe zu halten und navigieren zu können. Man ging davon aus, dass sich jedes Gewicht in den hohen Höhen des Himmels langsam verflüchtige und daher von Zeit zu Zeit erneuert werden müsse. Aber nicht nur Ballast sei das Begehren der Luftschiffer, denn wenn sie schon einmal hier seien, würden sie auch Ernteerträge entführen, Weinfässer leeren, frisch gebackenes Brot entwenden usw. Man nahm sie als gegeben hin und hatte ein eher spitzbübisches Verhältnis zu ihnen. Sogar manche vor der Obrigkeit versteckte Abgaben erklärte man mit Besuchen von Luftschiffern.

Die Kirche in Rom bekämpfte den Luftschifferglauben vehement, sah sie ihn doch als Konkurrenz zu Gott mit seinen Heerscharen im Himmel. Für zwei Tribut einfordernde Gattungen war der Himmel nicht vorgesehen. Von der Bekämpfung des Luftschifferglaubens handelt dann auch der Brief des Bischofs Ottbrecht an Papst Benedictus VIII. Er fragte darin an, wie er diesem festgesetzten Irrglauben wohl am besten entgegentreten könne und wie er denn das Vorkommen dieser schönen, einmalig runden Steinkugeln erklären solle. Das Antwortschreiben ist leider nicht erhalten.

In dem verlorengegangenen, aber immer wieder zitierten, reich bebilderten Buch *Gottes Geschöpfe des himmlischen Paradieses* wurde 1318 ein mit seinem Horn Ball spielendes Einhorn erwähnt und abgebildet. Den zahlreichen Berichten zufolge handelte es sich bei dem Ball um einen runden

Stein. Das Einhorn stand in einer angedeuteten Ebene vor einem goldenen, brokatähnlichen Hintergrund. Rechts und links des Hintergrundes war die Sicht auf eine aus der Ebene aufsteigende Hügelkette freigegeben, die dem Steinbruch bei Eggenburg sehr ähnlich ist. Andere Erwähnungen von mit ihrem Horn Steinball spielenden Einhörnern tauchen immer wieder in Niederschriften aus Benediktinerklöstern der Reichenau auf, die heute in der Bibliothek in St. Gallen aufbewahrt werden. Diese erhalten gebliebenen Berichte enthalten weder Bilder noch nähere Ortsangaben. Das mit einem runden Stein spielende Einhorn symbolisiert die Kraft der Jungfräulichkeit Marias. Mit dieser Kraft könne man ohne Anstrengung schwerste Steine bewegen, sogar wie das Einhorn mit schweren Steinen ein leichtes, zeitvertreibendes Spiel spielen. Die runden Steine besaßen deshalb in Europa eine Zeitlang reliquienähnlichen Status. In vielen Kathedralen werden sie bis heute in Schatzkammern goldverziert aufbewahrt.

Leonardo da Vinci skizzierte 1475 eine Windmühle, bei der sich das gesamte Mühlenhaus mit dem Wind dreht. In genauen Detailzeichnungen stellt er auf beeindruckende Weise dar, dass das Haus auf vielen gleich großen, runden Steinen steht, die oben und unten durch einen u-förmigen Ring gehalten werden. Als Schmiermittel sind entkernte und zum Teil zerquetschte Oliven zu erkennen. Diese Zeichnung gilt als erste Darstellung eines modernen, durchdachten Kugelrades. In seiner unverwechselbaren, seitenverkehrten Schrift fügte da Vinci die Notiz hinzu, dass die am besten geeigneten Kugeln für diese Konstruktion »Wienerkugeln« seien. (Die Steine aus Eggenburg waren in jener Zeit in Italien als »Wienerkugeln« sehr beliebt und wurden in vielen Haushalten als Schmuckstücke aufgestellt.)

Im Rahmen der Rückbesinnung der Renaissance auf althergebrachte Werte der Griechen und Römer wurden auch die Steinkugeln wieder entdeckt und hoch verehrt. Sie symbolisierten die Kraft und die Schönheit des Alten, aber auch das Ebenmaß Gottes, die Harmonie der alten Kultur, auf die man sich bezog, wie auch die Gleichmäßigkeit der Schöpfung Gottes. Diese Interpretationen hielten sich jedoch nur eine Modeperiode lang. Schon fünfzig Jahre später wurden dieselben Kugeln als Geheimzeichen benutzt, um auszudrücken, dass man dem verbotenen kopernikanischen Weltbild anhing, dass man also die Welt wie auch das Weltall als Kugel betrachtete.

Im Jahr 1529 stand das türkische Heer unter Sultan Suleiman mit prächtigem, eindrucksvollem Schmuck und 100.000 Mann vor den Toren Wiens. Niklas Graf Salm ließ die Vorstädte niederbrennen und führte die Verteidigung Wiens an. Am 22. September 1529 war der türkische Belagerungsring geschlossen. Sultan Suleiman organisierte mit hunderten von Ochsenkarren eine Art Pendelverkehr zum Steinbruch Limberg bei Eggersburg und ließ dort in großen Mengen die runden Steinkugeln abbauen, sie vor die Tore Wiens schaffen und mit Katapulten über die Wehranlage schleudern. Manch einer wurde von den Steinen erschlagen, viele Dachstühle gingen zu Bruch. Nach besonders schwerem Beschuss wurden meist Kinder eingesetzt, um die Steine zur Seite zu rollen, damit der Verkehr auf den Straßen nicht allzu sehr behindert wurde. Der in diesem Jahr sehr früh einbrechende Winter zwang die Türken, ihre Belagerung schon am 14. Oktober 1529 abzubrechen und unverrichteter Dinge abzuziehen. In diesen 22 Tagen der Belagerung regneten über 15.000 Steinkugeln auf Wien herab.

Zwischen 1713 und 1728 machte Ludwig Graf von Schowiks mit dem Geröll seine ersten ballistischen Flugbahnberechnungen. Er bevorzugte für seine Versuche besonders runde Steine. Für die Bevölkerung von Eggenburg war es ein Zubrot, diese Steine zu suchen und die rundesten aufzufinden. Von Schowiks konnte gar nicht genug davon bekommen. Ihm erschienen diese Steine besonders geeignet, weil sie als Steine mit einem zentrierten Dichtungskern galten. Diese Theorie besagte, dass bestimmte Steine, Kernsteine genannt, von innen heraus gewachsen seien, dass sie einen hochdichten Kern besäßen und dass um diesen sogenannten Wachstumskern herum über Jahrtausende die Steine ihre heutige Kugelform, ähnlich den Jahresringen von Bäumen, bekommen hätten. Im Steinbruch bei Eggenburg waren die Bedingungen für das runde Steinwachstum ideal, dort hatten sich die Steine frei von äußeren Einwirkungen entwickeln können. Graf von Schowiks erschienen sie überaus geeignet für seine Ballistikversuche, da sie vom Kern her alle das gleiche Gewicht besäßen, so dass es nicht zu einer elliptischen Seitengewichtung komme und die Kugeln nicht aus der vorgegebenen Bahn gezogen würden.

Im Jahr 1855 besuchte eine exzentrische Gesellschaft aus Großbritannien Eggenburg. Sir George Watt ließ sich mit 35 Personen für zwei Monate in dem Ort nieder, um den Steinbruch zu untersuchen. Watt war fünf Jahre zuvor auf einer Expedition im Hogargebirge gewesen und trug seither nur die Gewänder der Tuareg, die es ihm angetan hatten. Sieben seiner Bediensteten stammten aus der Sahara und bürgten für ein authentisches Flair der Gesellschaft. Seit Watt 1841 in Großbritannien den Vortrag Anthony Richard Owens gehört hatte, in dem Letzterer das erste Mal über fossile Reptilienreste aus Großbritannien berichtet und für diese den bis dahin unbekannten Begriff Dinosaurier benutzt hatte, reiste er durch die Welt, um ebenfalls Dinosaurierfossilien zu finden. Er war überzeugt, dass es sich bei den Steinen um Dinosauriereier handeln müsse. Watt nahm 23 Exemplare mit und hielt am 5. August 1856 in der Privatgelehrtenakademie zu London einen Vortrag mit dem Titel: *Der Nachweis der Großbestände von Dinosauriern, entdeckt und ausgewertet von Sir George Watt persönlich* (About the Evidence of Dinosaurs in Large Quantities, discovered and evaluated by Sir George Watt himself). Nach seinem Vortrag vermachte er seine

Dinosauriereier dem sich im Aufbau befindlichen Naturhistorischen Museum in Wien, wo sie immer noch als Kuriosum zu sehen sind.

Heute erklärt man sich die kugeligen Steine durch das Ur-Meer Paratethys, das vor 20 Millionen Jahren existierte. Die Stelle, an der heute der Steinbruch liegt, war der Meeresrand, gewaltige Steinstrände und das heranrollende Meer schliffen das Gestein, den Maissauer Granit, zu den runden Steinen, die wir heute kennen.

Dank an Reinhard Golebiowski vom Naturhistorischen Museum Wien, der mich auf die Existenz des Gerölls aufmerksam machte und mir ein Stück davon überließ.

Literatur:

T. Frunka, *Das Spiel des Einhorns,* Leipzig 1912.
P. Mayer, *Zur Entwicklung der Wurfparabel,* Nürnberg 1986.
F. Römer (Hg.), 1000 *Jahre Österreich,* Wien 1997.

Die Goethe-Rose

»Kennst du das Land, wo die Zitronen blühn,
Im dunklen Laub die Gold-Orangen glühn,
Ein sanfter Wind vom blauen Himmel weht,
Die Myrte still und hoch der Lorbeer steht,
Kennst du es wohl?
Dahin! Dahin
Möcht ich mit dir, o mein Geliebter, ziehn!«

Solch verträumtes Gedicht schrieb Johann Wolfgang Goethe
1780 in *Wilhelm Meisters Lehrjahre* – vor seiner ersten Reise
nach Italien, jenem Land, das er schon seit seiner Kindheit
besuchen wollte. Catharina Elisabeth Goethe, seine Mutter,
schrieb ihm später nach Rom:

»Lieber Sohn ... Jubilieren hätte ich vor Freude mögen, dass der Wunsch, der von frühester Jugend in deiner Seele lag, nun in Erfüllung gegangen ist ...«

Am 3. September 1786 war es nämlich so weit. Unter falschem Namen, dem Pseudonym Johann Philipp Möller, Kaufmann aus Leipzig, verdrückte sich Goethe heimlich, zu nachtschlafender Zeit, aus der Bäderstadt Karlsbad.

»Früh drei Uhr stahl ich mich aus Karlsbad, weil man mich sonst nicht fortgelassen hätte.«

Der falsche Name sollte ihn vor dem allzu schnellen Zugriff seines Herzogs, Carl August, schützen, aber auch vor Neugierigen, denn er war mit seinem *Werther* in ganz Europa ein berühmter Mann. Unter falschem Namen aufzutreten gab ihm zusätzlich ein Gefühl der Freiheit. Goethe fühlte sich schon eine ganze Weile unwohl in seiner Haut. Nichts wollte sich entwickeln, nichts gelingen. Die Arbeit für Herzog Carl August war ihm nach zehn Jahren fad geworden, die Beziehung zu Charlotte von Stein entwickelte sich überhaupt nicht, es wurde nur komplizierter, er fühlte sich von ihr »kontrolliert«, in seiner »Art getadelt«. Alles um ihn herum empfand er als zäh, unfrisch, dunkel und versteinert, sich selbst als fixiert, festgezurrt und eng.

Er fühlte sich wie die versteinerten Rosen aus Karlsbad, die es damals wie heute in diesem mondänen Kurort zu kaufen gibt. Papierrosen, an denen sich, nachdem sie zwei Wochen im heißen Karlsbader Mineralwasser gelegen haben, Sprudelstein ablagert, der so den Rosen ein versteinertes, rostiges Aussehen verleiht.

»... in jenen Karlsbader Rosen, die ich viel sah, erkannte ich mich selbst ...«

Johann Wolfgang Goethe nahm als Johann Philipp Möller eine dieser versteinerten Rosen in seinem Reisegepäck mit, sie sollte ihn fortan auf seiner Reise daran erinnern, wie erstarrt er sich in Deutschland fühlte.

Kaum hatte er den Alpenhauptkamm am Brenner überquert, rief er aus:

»Licht, Licht,
das Licht scheint mir hier freier und heller …«

In Padua, begeistert vom botanischen Garten – wo er die Urpflanze suchte –, bekam er vom Gärtner zwei Blätter einer mit ihr verwandten Pflanze. Er bewahrte diese bis zu seinem Tod als großen Schatz. Goethe reiste weiter und schaute kein einziges Mal die Rose an. Er fühlte sich frei, voller Neugierde, Wissensdrang, durchdrungen von Freude und Offenheit. Seine Versteinerung war gelöst – was sollte er da noch mit der versteinerten Rose, er vergaß sie.

Erst in Palermo, wo er begeistert in sein Tagebuch notierte:

»In dem öffentlichen Garten unmittelbar an der Reede
brachte ich im stillen die vergnügtesten Stunden zu. Es ist
der wunderbarste Ort von der Welt. Regelmäßig angelegt,
scheint er uns doch feenhaft …«

Hier fühlte er sich seiner Urpflanze ganz nahe. Er erinnerte sich verwundert an seine versteinerte Rose aus Karlsbad und konnte sich nicht mehr vorstellen, sich je so starr und für die Ewigkeit konserviert gefühlt zu haben. Er schenkte seine versteinerte Rose einem Gärtner des dortigen botanischen Gartens, dabei insgeheim auf ein Gegengeschenk hoffend, auf einen Tipp zur Auffindung der Urpflanze. Er bekam den erhofften Hinweis nicht, erkannte auch bald, dass das, was er suchte – diese Urpflanze –, als Prinzip zu verstehen sei und nicht als konkrete Pflanze.

Nach der Heimkehr aus Italien beendete er die Beziehung zu Charlotte von Stein und begegnete einer Arbeiterin aus einer Manufaktur für künstliche Blumen, Christiane Vulpius. Nach dem ersten Treffen mit seiner späteren, geliebten Frau, dachte er an die zurückgelassene versteinerte Rose in Palermo und freute sich kindisch, dass sie, die Rose, nun hier, bei dieser Arbeiterin, lebendig werden konnte, lebendig geworden war.

Seine versteinerte Rose aus Karlsbad wird in Palermo bis heute in der Sammlung des botanischen Gartens aufbewahrt. Dort wird sie »La Rosa pietrificata del Signor Goethe« (Die Versteinerte Rose des Herrn Goethe) beziehungsweise kurz »Rosa del Goethe« genannt.

Literatur:

D. v. Gersdorff, *Goethes Mutter,* Frankfurt am Main 2001.
J. W. Goethe, *Wilhelm Meisters Lehrjahre,* hg. v. Erich Trunz, München 1981.
Ders., *Italienische Reise.* Mit vierzig Zeichnungen des Autors, hg. v. Christoph Michel, Frankfurt am Main 2003.
Ders., *Briefe,* Stuttgart 1928.
W. Huber, *Eine Rose wandert,* München 1934.
I. Jentsch, *Botanische Versteinerungen in Italien und Spanien,* Leverkusen 2002.

Die Oliveneichen *(Quercus olivae)* von Wiepersdorf oder Waren die Kreuzungsversuche des Achim Freiherrn von Arnim-Bärwalde erfolgreich?

»Es muß gelingen!«

Diese kurze Mitteilung schrieb im Herbst, vier Monate vor seinem Tod, Achim von Arnim-Bärwalde (1848–1891) auf einer Postkarte an den Freiherrn von Grudtwitz, den er auf einer Italienreise in Como am Comersee kennengelernt hatte. Die kurzen, fast verzweifelten Worte voll trotziger Überzeugung verstand von Grudtwitz sofort.

Achim von Arnim-Bärwalde, der allzu früh verstorbene Enkel des Dichterpaares Bettina und Achim von Arnim, übernahm nach einem abgeschlossenen Jurastudium 1870 die Verwaltung des Erbgutes in Wiepersdorf bei Berlin. Er hatte sich schon als Jugendlicher zu den schönen Künsten hingezogen gefühlt, und so beschloss er noch im selben Jahr, in Berlin Kunstgeschichte zu studieren. Bald aber spürte er, dass er sich nicht nur mit Kunst beschäftigen, sondern selbst Kunst schaffen wollte, dass er zum Kunstmaler berufen war. Er ging nach München, der damaligen Hauptstadt der akademischen Malerei, um Historienmalerei zu lernen. Im Frühsommer 1872 reiste der gerade 24-jährige Maler zu einer ersten Exkursion nach Italien, war sofort von der Schönheit des Landes gefangen und verliebte sich in dessen Kunstschätze. Auf dieser ersten Italienreise beschloss er, sein Gutshaus in der gerade sehr modernen Neobarockmanier umzubauen und seinen Garten den italienischen Skulpturen zu widmen.

Inspiriert von Fürst Pückler, dem großen Gartengestalter, den er als Jugendlicher kennen- und verehren lernte, begann er dann in seinem Wiepersdorfer Park Bäume unter Berücksichtigung von Blickachsen zu pflanzen. Er begeisterte sich besonders für Eichen, insbesondere für die auch in Italien vorkommende immergrüne Steineiche *(Quercus robur)* und die Laub abwerfende Traubeneiche *(Quercus petraea)*.

In den Jahren 1888 bis 1889 erbaute von Arnim-Bärwalde an der Südseite seines Parks eine einstöckige Orangerie, um in ihr Olivenbäume der Sorten Cerignola, Ligurine und Kugano zu züchten. Er wollte aber nicht nur die Olivenbäume vermehren; sein eigentliches Ziel war es, sie mit der einheimischen Eiche zu kreuzen. *Oliveneiche (Quercus olivae)* sollte der neu geschaffene Baum heißen. Auf dieses Bemühen bezieht sich der eingangs erwähnte Brief an den Freiherrn von Grudtwitz.

Achim von Arnim-Bärwalde war Anhänger der damals weit verbreiteten Übereinstimmungstheorie. Diese besagte, dass jede Pflanze nach ihrem Äußeren betrachtet und ihre Bedeutung für den Menschen erfasst werden müsse, weil sich dadurch, unter Berücksichtigung der überlieferten historischen Bedeutung, Übereinstimmungen, Abstammungen und Verwandtschaften der Pflanzengattungen ergäben. Diese Theorie entstand als Abgrenzung zur sich inzwischen etablierenden naturwissenschaftlichen Erforschung der Natur, diese wurde als kalt, sezierend, geschichtslos und analytisch verurteilt.

Achim von Arnim-Bärwalde erkannte große Übereinstimmungen zwischen der Eiche und der Olive. Nicht nur, dass sich die Früchte verblüffend ähneln, auch, dass beide Bäume weit über tausend Jahre alt werden können und von großer mythologischer Bedeutung sind, fand er beachtenswert. Die Eiche wurde von den Germanen dem Donnergott Thor geweiht, in Griechenland dem Blitze schleudernden Zeus; die Zweige des Olivenbaumes sind von alters her ein Friedenszeichen, der Eichenzweig ein Trauerzeichen für gefallene Helden. Beide Bäume werden als Lebens- und Weltbäume verehrt. Beide Früchte sind als Nahrungsmittel begehrt, die einen von Menschen, die andern von Schweinen. Aus Oliven wird ein schmackhaftes Öl gewonnen, aus Eicheln ein wohlschmeckendes, dem Kaffee ähnliches Getränk gebraut. Wegen dieser und anderer klarer und eindeutiger Übereinstimmungen sah sich Achim von Arnim-Bärwalde bestätigt, und er war sich gewiss, dass eine Kreuzung wenn auch schwierig, so aber doch möglich sein müsse. Für seine Kreuzungsversuche hielt er die Traubeneiche und die Olivensorte Liguria für geeignet.

Seine ersten Experimente begann er mit verschiedenen parallelen Kreuzungsmethoden. Er kreuzte durch Bestäubung der Blütenpollen, durch Wurzelpfropfung, mit Stammspreizung und der viel versprechenden Fruchteinbindung. Die ersten Setzlinge, die er fieberhaft erwartete, ergaben sich aus der Stammspreizung und der Bestäubung und sahen aus wie normale Eichensetzlinge. Fünf dieser Setzlinge, die ihm am robustesten erschienen, hegte und pflegte er und setzte sie im Herbst 1890 ins Freiland. Im Februar 1891 verstarb Achim Freiherr von Arnim-Bärwalde ohne leibliche Erben. Sein ältester Vetter, Erwin von Arnim (1862–1928), übernahm das Anwesen und ließ die Gartenanlage nach den vorhandenen Plänen zum Abschluss bringen.

Erwin von Arnim, der auf seinem Schloss in Zernikow wohnen blieb, erlaubte den Dorfbewohnern von Wiepersdorf, die Eicheln der Eichen einzusammeln und an ihre Schweine zu verfüttern. Dieses ungeschriebene Recht wandelte sich zu einem Gewohnheitsrecht und ist es bis heute geblieben. Die fünf Stecklinge des Kreuzungsversuches entwickelten sich zu großen Eichen, überstanden manchen Sturm, einige sehr kalte und dauerfrostige Winter, die russische Besatzung des Schlosses und die Enteignung der Herrensitze.

Die Bauern des Dorfes sammelten unter jedem System und bei jedem Wetter die Eicheln im Schlossgarten und verfütterten sie an ihre Schweine. Auch nachdem 1956 eine LPG-Schweinezucht mehr oder weniger freiwillig gegründet worden war, fraßen die Schweine weiterhin die Eicheln der Eichen des Schlossparks, der nun offiziell Park der Erholungsstätte der Intelligenz hieß. Das Schweinefleisch der LPG aus Wiepersdorf, das von Anfang an als besonders wohlschmeckend galt, wurde in der DDR als das beste der Republik angesehen und in allen kulinarisch-sozialistischen Gourmetführern als überdurchschnittlich schmackhaft beschrieben. Das Fleisch wurde als mild, würzig, angenehm leicht salzig und dennoch nicht zu trocken beschrieben und immer wieder mit Medaillen und anderen Auszeichnungen bedacht. Zu Staatsempfängen in Berlin wurden regelmäßig Schweine aus Wiepersdorf angefordert.

Im Jahr 1992 wurde die LPG-Schweinezucht abgewickelt und 1995 eingestellt. Im Nachbardorf Werbig, in der Hybrid-Schweinezucht GmbH, wird seitdem versucht, an die Tradition Wiepersdorfs anzuknüpfen, aber bis heute ist es nicht gelungen, auch nur annähernd die Fleischqualität der Wiepersdorfer Schweine zu erreichen.

Im Herbst 2003 wurden im Rahmen einer Eichenbestandskatalogisierung in Brandenburg auch die Eichen des Wiepersdorfer Schlosses, das heute ein Künstlerschloss ist, untersucht. Prof. Dr. Bengas vom Institut für digitale Pflanzen-Systematologie in Potsdam fiel das verblüffende Schwarz an einigen ausgereiften Eicheln der dortigen Traubeneiche auf. Bei den eingeleiteten Untersuchungen konnte keine Abweichung von den bereits bekannten Traubeneichen festgestellt werden. Erst bei der DNS-Analyse dieser auffallend schwarzen Eicheln wurde in der Doppelhelix der DNS ein für die Traubeneiche artfremdes Purin festgestellt. Bei einem Datenabgleich konnte eine Übereinstimmung dieser Purin-Verbindung mit jener der Olivensorte Liguria festgestellt werden. Seitdem ist unter Experten ein Streit ausgebrochen, ob die Kreuzungsversuche von Achim von Arnim-Bärwalde von Erfolg gekrönt waren, ob die kleinen DNS-Veränderungen überhaupt als Kreuzung zu bezeichnen sind, ob die fünf Eichen in Wiepersdorf nun als neue Eichenart, als Oliveneichen (*Quercus olivae*) bezeichnet werden müssen oder ob es eine zufällige, nicht weiter zu beachtende Laune der Natur sei.

Die Eicheln der Eichen von Wiepersdorf liegen jeden Herbst weiterhin im Schlossgarten, von den Dorfbewohnern selten noch aufgesammelt. Nur manchmal rutscht oder rollt einer der im Künstlerschloss weilenden Künstler, in Gedanken versunken, auf den schwarzen Eicheln aus und kommt durch sie strauchelnd auf andere Gedanken.

Literatur:

B. Albrecht/D. Sossenheimer, *Wie man es jedem/r Recht macht,* München 1995.
V. Dathe/K. Dietrich/R. Schallhammer, *Kulinarische Hochleistungen,* Berlin 1988.
M. Fabisch/K. Hauptvogel, *Von der Kunst Gärten zu pflegen,* Dahme 1999.
A. Karbaum/K. Kummer, *Bereinigte Kunst,* Jüterbog 2000.
R. Karbaum, *Das Wissen um Wiepersdorf,* Berlin 1996.
M. Richter, *Über die Geduld und die Freundlichkeit,* Luckenwalde 1997.
U. Schiemann, *Die Bank und die Künstler,* Wiepersdorf 1994.

Wie das Husumer Protestschwein in Österreich politisch wurde und beinahe den Doppeladler verdrängte

Zwischen 1910 und 1912 gab es in Österreich eine aus heutiger Sicht merkwürdige Diskussion, eine Debatte über die Einführung und Verbreitung eines patriotischen Schweins, des österreichischen Kaiserschweins. Um diese Diskussion und das Anliegen der Diskutanten zu verstehen, muss man sich die damalige Zeit vor Augen führen.

Der österreichische Kaiser Franz Joseph I. (1830–1916), ein von vielen persönlichen Schicksalsschlägen gebeutelter, von seinem Volk wahrscheinlich gerade wegen der vielen privaten Katastrophen sehr geliebter Kaiser, der bis heute von vielen fast mystisch verehrt und liebevoll der »ewige Kaiser« genannt wird, dieser von allen nur Franz Joseph Genannte ist seit 1848 Kaiser von Österreich.

In Wien kursierten schon seit langem Vorschläge, wie das 70-jährige Regierungsjubiläum des Kaisers 1918 würdig gefeiert werden könne. In den Salons der Stadt, in Vereinen, den Hinterzimmern, in Standesverbänden, bei Bällen, überall wurden Überlegungen angestellt, wie man dieses große Fest am würdigsten begehen könne. Das 65. Jubiläum 1913 sollte eine Art Übung, eine Einführung darstellen, um fünf Jahre später das 70-jährige Jubiläum gebührend, als Höhepunkt, zu begehen. Bei beiden Festlichkeiten sollte aber, das war unausgesprochen der zweite Mittelpunkt der Vorbereitungen, auf die magere, unerfahrene 25- beziehungsweise nur 30-jährige junge Regierungszeit des Deutschen Kaisers, des Preußen Wilhelm II. Bezug genommen werden.

Denkmäler aufzustellen, Namenstaufen von Landstrichen und Flüssen waren geplant, Sternbilder sollten Franz Josephs Namen erhalten, Feuerwerke im ganzen Land waren eine Selbstverständlichkeit, Aufträge für Musikstücke wurden schon vergeben, überall wurde diskutiert, wurden Vorbereitungen getroffen, neue Ideen entworfen, verworfen, neue, noch großartigere gefunden.

Eine Gruppe um den Wiener Hofbeamten Rüdiger von Schittmacher kam auf die Idee, ein Schwein, ein rot-weiß-rot gestreiftes Schwein, ein Schwein in den Farben der Monarchie, den Farben des Bindenschildes des Staatswappens, den Farben des Militärs, dieses Schwein also zum Nationalschwein zu erklären, es als österreichisches Schwein anzuerkennen und alle Bauern der Monarchie anzuhalten, ihre Schweinehaltung auf dieses kommende Nationalschwein umzustellen.

Rüdiger von Schittmacher meinte, der Vorteil dieses Vorhabens sei, dass ein solches Schwein in verschiedenster Hinsicht große, viel beachtete Zeichen setze. Ein solches Vorhaben, ein solches Schwein würde alle Ebenen der Huldigung und der Würdigung beinhalten, wie auch sehr nachhaltig auf Jahrzehnte hinaus nachwirken und die gesamte Doppelmonarchie erfassen, wie es kein anderes Unternehmen anlässlich der großen Feierlichkeiten je könnte oder dazu fähig sei.

Dieses zukünftige österreichische Nationalschwein wurde um 1880 in Schleswig-Holstein gezüchtet. Es ist ein genügsames, fleischiges, robustes Schwein, das damals noch keine offizielle Anerkennung und Würdigung gefunden hatte, das also zur Namensgebung und Anerkennung noch vollkommen frei stand, es wartete sichtlich, damit sich jemand seiner annähme.

Warum ein solches Schwein gezüchtet wurde und warum es eine Affinität der Österreicher zu ihm gab, erklärt sich aus der Geschichte.

Am 18. Februar 1864 überschritten österreichische und preußische Truppen die Grenze des Königtums Dänemark und eroberten die Herzogtümer Schleswig, Holstein und Lauenburg. Am 30. Oktober desselben Jahres wurden die drei Herzogtümer im sogenannten Wiener Frieden zur gemeinsamen Regierung an Preußen und Österreich abgetreten. Holstein wurde von Österreich verwaltet, Schleswig von Preußen und Lauenburg von Preußen komplett einverleibt. Die Österreicher hoben die Torsperre von Lübeck sofort auf und die Preußen erklärten Kiel zum preußischen Kriegshafen.

Zwischen Preußen und Österreich entflammte umgehend eine heftige und hitzige Debatte, ob das Zeigen der dänischen Fahne und Farben toleriert werden solle oder nicht. Österreich, mit den Erfahrungen des Vielvölkergemisches der Doppelmonarchie, wollte dies weitgehend tolerieren, Preußen es bei strenger Strafe verbieten. Man einigte sich, dass es im jeweils verwalteten Gebiet unterschiedlich gehandhabt werden würde.

17 Jahre später, 1881, berichtet ein preußischer Polizeiposten aus Husum der preußischen Regierung in Berlin, in letzter Zeit sei zu beobachten, dass Bauern rot-weiß gestreifte Schweine hätten, eindeutig rot-weiß wie die verbotenen Farben Dänemarks. Bei Nachfragen antwortete die mürrische und maulfaule verschwiegene Bevölkerung, bei der man nie weiß, woran man ist: »Die hatten wir schon immer.« Einige

Bauern meinten, es habe nichts zu bedeuten, es sei nur ein Sonnenbrand, ihre Schweine hätten aus Versehen unter einer deutschen Eiche ein Schläfchen gehalten. Sie wurden für ihre freche Antwort sofort gemaßregelt.

Eine daraufhin eingesetzte Untersuchungskommission aus Berlin erstellte ein Dossier. Nach ausführlichen Befragungen der Bauern konnte herausgefunden werden, dass dies rot-weiß gestreifte Schwein von dem allgemein verbreiteten Marschschwein abstammt. Ob diese Farbe durch eine be-wusste Kreuzung herbeigeführt wurde, um Schweine mit den verbotenen Farben zu schmücken, ließ sich nicht feststellen. Eine zielgerichtete Kreuzung zur Provokation des preußi-schen Staates wäre Hochverrat und alle diese Schweine fielen dann unter das Seuchengesetz und müssten unverzüglich vernichtet, die Bauern aufs Schärfste bestraft werden. Bei einer zufälligen, spontanen Entwicklung jedoch könne man schwer etwas einwenden, man könne ja die Farben als solche nicht abschaffen oder verbieten. Dem Bericht zufolge sei die Ausbreitung des Schweins schon so weit fortgeschritten, dass man von einem allgemeinen Hausschwein sprechen könne.

Wenn man 1913 zum 65. Thronjubiläum das Schwein offiziell zum österreichischen Schwein erklärte, es aufnehme in die Liste der nationalen Nutztierarten und es dadurch auch international anerkennen und dieses österreichische Nationalschwein in der Monarchie jedem Bauern bei Prämi-enbescheid empfehlen würde, könnten fünf Jahre später zum 70. Thronjubiläum siebzigtausend, ja siebenhunderttausend österreichische Schweine in der Doppelmonarchie verbreitet sein und jedes wäre eine Huldigung an Franz Joseph. Es wäre das schönste, größte und eindrucksvollste Geschenk, das je einem Kaiser dargebracht worden wäre.

Das Schwein wurde 1954 offiziell anerkannt und bekam den Namen »Rotbuntes Husumer Protestschwein«. Es wird ver-mutet, dass es aus einer Kreuzung des schwarz-weißgescheck-ten holsteinischen und jütländischen Marschschweines mit dem englischen Tamworth-Schwein und durch rotbunte Aufspaltungen des Angler Sattelschweines hervorgegangen ist. Es wurde sehr wohl aus Protest der Bauern gegen die Besetzung von Preußen gezüchtet, um die Eigenständigkeit der Schleswig-Holsteiner zum Ausdruck zu bringen.

Literatur:

R. Musil, *Unveröffentlichte Notizen,* Klagenfurt 1967.

Flaggen, Legenden, Fahnen, Drosendorf 2000.

Das Schwein in der Zucht, Lüchow 1987.

Nationalfarben und ihre Legenden, Möhrs 1954.

**Die merkwürdige Auswirkung
der Angst vor Stromverteilerkästen
und deren Folgen**

Zuerst tat man die Bewegung als eine Ansammlung von paranoiden Spinnern ab, die der Vorstellung anhingen, dass die Stromverteilerkästen, die an Straßenrändern, an Zäunen, mitten im Wald, unscheinbar, grau, oft beschmiert, herumstehen, eine Bedrohung darstellen. In den sozialen Medien bildeten sich Foren, in denen über die Gefahr diskutiert und die Angst davor durch massenhafte Berichte anderer bestätigt wurde.

Alsbald gründeten sich in vielen Städten Gruppen, die unter verschiedenen Namen mit Kundgebungen an die Öffentlichkeit gingen. Sie nennen sich »Besorgte Bürger Leipzigs gegen das Diktat von Verteilerkästen« (BLiDiVer), oder »Besorgte Bürger Hamburgs gegen die Verschwörung von Verteilerkästen« (BaHaVerka). Was alle Gruppen gemeinsam haben, ist, dass sie eine akute Bedrohung in den grauen Verteilerkästen sehen und sich mit ihren Sorgen und Ängsten allein gelassen fühlen.

Sie sind überzeugt, dass die tausenden, hunderttausenden, ja Millionen miteinander verkabelten Verteilerkästen untereinander in Verbindung stehen und dadurch eine Maschinerie bilden, die die Menschen unterjocht, ja versklavt.

Die Bewegung bezieht sich auf ein 1928 erschienenes Buch, in dem der Wissenschaftler und Esoteriker Joachim Gunther (1882 – 1949) über die *Verselbständigung von Verkabelungen* schreibt, wie ab einer gewissen »Masse« von Kabelverbindungen die Quantität in eine neue Qualität umschlägt und dadurch ein künstliches neuronales Netz mit eigener Intelligenz entstehe. Das mehrere hundert Seiten starke Buch ist schwierig zu lesen, da Joachim Gunther sich selbst ständig als Referenten zitiert.

Der Wissenschaftsjournalist Martin Tringler hat eine aufrüttelnde Neufassung des Buches geschrieben, das im »Verlag der Freiheit« erschienen ist. In diesem Buch weist er nach, dass alle Befürchtungen von Joachim Gunther längst eingetroffen sind, dass die vorausgesagte neue Intelligenz schon seit ca. 20 Jahren aktiv ist und die Versklavung des Menschen durch die weltweite Vernetzung der Verteilerkästen bereits stattgefunden hat.

In diesem Buch, das eines der meistgekauften Bücher des Jahres wurde, beschreibt er, wie täglich von den einfachsten

Informationen bis zu den Milliardenumsätzen der Börsen, von dem gelehrten 1 x 1 in der Grundschule bis zu den Hochgeschwindigkeitsrechnern, von dem normalen Polizeifunk bis zu der Steuerung von Kriegsdrohnen und Satelliten, dass all dies über ein einziges Netz von Verkabelungen verläuft, in Verteilerkästen sortiert, umgeleitet, umgerechnet und kontrolliert wird; sämtliche Handyaktivitäten, Computerarbeiten, kein Bereich des Lebens ist ausgenommen.

Er weist akribisch nach, dass alle diese Verkabelungen weltweit untereinander in Verbindung stehen, wie sich eine gigantische Länder, Kontinente, politische Systeme übergreifende Machtstruktur, wie sich eine eigene Intelligenz herausgebildet hat, die keiner menschlichen Kontrolle unterliegt, unterliegen kann. Das Bestreben dieser Macht, dieser unsichtbaren, unvorstellbaren Herrschaft, ist ihre rasante Vervielfältigung, damit eine immer größere dezentralisierte und dadurch unzerstörbare Verkabelung entsteht. Das Ziel sei es, den Menschen zu einem abhängigen Diener, zu einem unmündigen Handlanger der Kästen zu machen, bis die Menschheit kein anderes Bestreben mehr habe, als das Netz weiter auszubauen, zu vervollständigen, immer und überall neue Verteilerkästen zu errichten. Die Menschen würden in diese Sucht getrieben, sie würden »versüchtigt«.

Die neu gegründete Partei mit dem Namen »Freiheit für Deutschland« (FfD) nahm sich des Themas an und bekam sofort einen großen Zulauf. Es vergeht kein Tag, an dem die Medien nicht im großen Stil über die neue Partei, meist negativ, berichten. Bei den ersten anstehenden Länderparlamentswahlen konnte die FfD auf Anhieb die 5%-Hürde überspringen.

Vertreter der Partei sind ständige Gäste in Talkshows, und etablierte Politiker werden zur Belustigung der Zuschauer mit ihnen konfrontiert. Niemand kann die Anti-Verteilerkästen-Argumentation entkräften, denn jeder Widerspruch wird sofort als Beleg für die Macht und Manipulation der

Verteilerkästen angeführt. Eine Stromstörung während einer Sendung, wofür kein Schuldiger gefunden werden konnte, führt ein Sprecher der Partei als Beweis für das selbstständige Handeln der Verteilerkästen an, sie hätten verhindert, dass er die Wahrheit über die Gefahren der Verteilerkästen aussprechen konnte.

Bücher wie *Die Wahrheit über die Kästen, Für Freiheit und Selbstbestimmung, Die Gefahr durch Vernetzung und Globalisierung, Das menschliche Maß geht kastenweise verloren, Mein Leben ohne Kabelung* und viele andere, meist im »Verlag der Freiheit« erschienen, erreichen große Auflagen, werden meist von den Leitmedien ignoriert, lösen aber in sozialen Netzwerken lawinenartige Zustimmungen aus.

Nachdem die ersten Verteilerkästen zerstört worden waren, gesprengt, umgefahren, zertrümmert, sprach man anfangs von »Dummen-Jungen-Streichen«. Als die Zerstörungen von Verteilerkästen massiv zunahmen, distanzierte sich die FfD von jeglicher Gewalt, sprach von der verständlichen Angst der Bürger, von der Untätigkeit der etablierten Politik und deren lügenhaften Monopolmedien. Die offiziellen Unwahrheiten würden die Menschen richtiggehend zwingen, das Schicksal in die eigene Hand zu nehmen. Die überall um sich greifende Gewalt sei die Reaktion auf die unerträgliche Arroganz der Herrschenden.

Die etablierten Parteien nehmen sich nun des Themas an, sprechen, meist in vereinfachter Sprache, von den verständlichen Sorgen der Bürger, die man ernst nehmen müsse.

Eine Partei fordert nun eine sofortige Untersuchung, wie es zu der massenhaften Verbreitung der Kästen kommen konnte, eine andere fordert eine strikte Obergrenze der Verteilerkästen, andere weisen auf den ökologischen Schaden hin, der von den Kästen ausgehe, die Wirtschaft spricht von einer unseligen Debatte, man bräuchte die Kästen im Wirtschaftsstandort Deutschland, die Gewerkschaften verweisen auf die Arbeitsplätze, die hinter jedem Kasten stecken.

Alle etablierten Parteien sehen ihre Deutungs- und Debatten-Hoheit in Gefahr, die Wähler laufen ihnen massenhaft davon und fühlen sich von der FfD verstanden und vertreten. Vom Zerfall der Demokratie ist die Rede.

Während der ganzen Zeit werden an allen Ecken und Enden, auf Wiesen und in Wäldern, in Städten, in Dörfern, an Straßen und Wegen, an Stellen, wo man sie nie vermuten würde, immer neue Verteilerkästen aufgestellt, wie Pilze nach einem warmen Regen schießen sie aus dem Boden.

Literatur:

J. Gunther, *Verselbständigung von Verkabelungen*, Leipzig 1928.
M. Tringler, *Unterjochung – Die Voraussagen des J. Gunther*, Magdeburg 2010.
M. Verstander, *Wann paranoider Wahn Massen befällt*, Köln 2015.
J. Bleiber, *Vom Wahn zur Macht*, München 2016.

```
┌─────────────────────────────────────────────────┐
│  ┌───────────────────────────────────────────┐   │
│  │                                           │   │
│  │          Dr. Gerda H. Mayer               │   │
│  │            Traumabgabestelle              │   │
│  │                                           │   │
│  │  Depot, Archivierung, Zwischenlagerung, Stornierung, │   │
│  │     Revision, Endlagern, Sammlung, Eliminierung     │   │
│  │                                           │   │
│  │                                           │   │
│  │       Dienstag bis Sonntag von 11 - 17 Uhr │   │
│  │  Bei Notfällen oder Anonymitätsbedürfnis: Bitte Klappe benützen │   │
│  │                                           │   │
│  │        Keine Bewertung von Träumen         │   │
│  │                                           │   │
│  └───────────────────────────────────────────┘   │
├─────────────────────────────────────────────────┤
│                                                 │
│          Von Traumabgabestellen                 │
│                                                 │
└─────────────────────────────────────────────────┘
```

für S. Meier

Maria K. hat sich nach monatelangem Hin und Her, nach vielen Gesprächen mit Freundinnen und Freunden entschlossen, ihren immer wieder auftauchenden Traum abzugeben. Diesen Traum träumte sie immer wieder, und er stürzte sie jedes Mal in grüblerische Verwirrung. Es war nicht einfach, diesen Schritt zu machen, um eine dieser Traumabgabestellen aufzusuchen, um sich beraten zu lassen, was sie mit ihrem, mit diesem komischen, sie behindernden Traum anfangen solle. Sie suchte sich eine Frau aus. Dr. Gerda H. Mayer, eine erfahrene Traumabnehmerin, Mitglied im DTAS. Pünktlich und sehr nervös erschien sie zum vereinbarten Termin, zum Traumabgabetermin.

In einem ersten längeren Gespräch wurden ihr die Möglichkeiten erklärt, wie sie ihren Traum abgeben und was mit ihrem Traum gemacht werden könne. Er könnte für immer abgegeben werden, oder nur vorübergehend hinterlegt, sie kann ihn freigeben für andere, die nicht träumen, die Träume suchen und genau ihren Traum gern träumen würden, sie könne im Gegenzug einen anderen eintauschen. Sie könne ihn auch mit einem Rückgaberecht versehen, oder ihm ein Verfallsdatum zuweisen, oder, darauf machte sie die Traumbetreuerin auch aufmerksam, sie hätte auch die Möglichkeit einer Traumeliminierung.

Am Ende des fünfzigminütigen Gesprächs entschloss sich Maria K., ein Traumdepot einzurichten, in dem sie ihren, diesen, ihren ersten abgegebenen Traum lagern könne. Gerda H. Mayer erwähnte, dass die Art ihres jetzt abzugebenden Traumes so beschaffen sei, dass er, sehr wahrscheinlich, von einem neuen, anderen, dem jetzigen aber ähnlichen Traum ersetzt werden würde. Ein Traumdepot, in dem sie ihre laufenden Träume abgeben könnte, hätte den Vorteil eines Traumvergleichs, ein solches Traumdepot ermöglichte einen Traumüberblick und sie könne später immer noch entscheiden, welche ihrer Träume eliminiert werden sollten oder welche sie wieder zurückhaben möchte.

Schon immer wurde dem Träumen besondere Bedeutung zugemessen, hellseherische Kräfte zugeteilt. Joseph prophezeite aus Pharaos Träumen sieben üppige Ernten und sieben magere und verhalf dadurch Ägypten zu einer großen wirtschaftlichen Macht. Viele Mystikerinnen wie Hildegard von Bingen erkannten und erklärten aus ihren Träumen die Welt und die Zusammenhänge mit Gott. Traumdeutungsbücher finden wir nicht nur in Babylon und im alten Ägypten, in allen Kulturen sind sie anzutreffen. Man versuchte die Traumbilder zu katalogisieren und ihnen eine überpersönliche Bedeutung zu geben. Die Willkür des Traums zu bremsen war das Ziel, sowie dem scheinbar Unsinnigen des Traums einen Sinn zu geben. Dem wilden Traum wurden Grenzen gesetzt, indem man ihm eine Zweitwelt zuwies, deren Gesetze man bestimmte. In diesem geschaffenen Raum wurden die Träume als Weissagungen, als tiefe Einsicht, als mit den Göttern verbunden gesehen und gezügelt. Die Angst war gebannt und zum Positiven gewendet.

Anfang des letzten Jahrhunderts war es dann so weit, es etablierten sich die ersten Traumabgabestellen. Diese sahen den Traum als das, was er ist, als Traum des Träumenden. Der Traum wurde als ganz individuelles Geschehen begriffen, als etwas, was nur mit der oder mit dem Träumenden zu tun hat. Jeder Mensch träumt seinen ureigenen, leibhaftigen Traum, der nichts, aber schon gar nichts über andere oder etwas anderes als über den Träumenden selbst aussagt. Selbst der völlig Fremdbestimmte träumt seine eigenen Träume. Jeder träumt den ureigenen Traum und ist für diesen selbst verantwortlich in dem Sinne, dass er ihn nicht auf andere abwälzen kann, ihn nicht anderen unterstellen oder ihn als ihm aufgezwungen ansehen kann.

Es gibt natürlich Traumverweigerer. Davon gibt es zwei Sorten. Die einen, die Traumleugner, wollen mit ihren Träumen nichts zu tun haben, sei es, dass sie auf ihre Träume keinen Wert legen oder dass sie ihnen misstrauen, sie lästig finden, oder dass sie von ihren eigenen Träumen so geängstigt werden, dass sie mit ihnen nie und nimmer etwas zu tun, mit ihnen nichts gemeinsam haben wollen. Die andern Traumverweigerer, die Traumverschweiger, träumen sehr viel, nur, sie weigern sich, anderen ihre Träume zu erzählen, mitzuteilen, weil sie ihre tiefe Eigenheit im Traum nicht preisgeben wollen, weil sie, wenn sie von ihren Träumen erzählen, glauben, ihre Individualität aufzugeben, sich Traumeinmischungen auszusetzen, Deuteleien als Enteignung ihres ureigenen Traumes empfinden. »Was gehen andere meine Träume an?«

Es gibt natürlich auch die Traummeister, die ständig von ihren Träumen erzählen, die Traumstolzen. Wenn man zufällig zwei Traummeister zusammen trifft, dann meint man einer Traumweltmeisterschaft beizuwohnen, so viel Träume purzeln aus ihren Gedächtnissen, von so viel Sonderbarem wird dann erzählt, von so viel Unwahrscheinlichem wird berichtet, dass ein Normalträumer, ein Durchschnittsträumer, verwundert seinen Kopf schüttelt und in einer kurzen Pause vielleicht den Mut hat, einen seiner inzwischen geträumten Neidträume einzuwerfen.

Für all diese Träume sind die Traumabgabestellen zuständig. Schon bald nach ihrer Gründung verbreiteten sie sich in den Großstädten der Welt und sind heute in verschiedenen nationalen und internationalen Verbänden zusammengeschlossen, halten Traumtagungen ab, unterhalten Traumperiodika, in denen die neuesten Forschungen über Träume und über deren Sortierung und Einordnung berichtet wird. Fachverlage geben Bücher heraus, mit Titeln wie: *Wohin mit Zwangsträumen?*, *Über die Traumvergessenheit*, *Das Leben in vermeintlich fremden Träumen*, *Bedürfen Tagträume eines eigenen Archivs?*, *Die Traumklappe. Über die anonyme Abgabe von Träumen*, *Die Traumangeber*, *Das Problem der Leihträume* etc.

In den Traumabgabestellen wird grundsätzlich nicht zwischen guten oder schlechten, wichtigen oder unwichtigen, zwischen bedeutsamen oder unbedeutenden Träumen unterschieden, sie werden nur entgegengenommen und nach den Wünschen der Traumabgeber, nach den Wünschen der Träumenden abgelagert, zwischengelagert, gesammelt und unter keinen Umständen einer Bewertung zugeteilt.

Dadurch, dass in den Traumabgabestellen Träumen eine so zentrale Rolle gegeben wird, ja dass die Traumabgabestellen nur wegen der Träume existieren und dass diese, die Traumabgabestellen, die Räume der höchsten Individualität sind und diese dort sehr ernst genommen werden, sind die Traumabgabestellen totalitären und autoritären Systemen suspekt, ein Dorn im Auge. Was geschieht denn dort in den Traumabgabestellen, welche Ziele haben die eigentlich, was machen die eigentlich mit den sortierten Träumen, welchen Effektivitätsprüfungen unterliegen diese Stellen eigentlich, wie und nach welchen Kriterien werden die evaluiert? Der

Traum als Hüter des Individuellen wird von einigen als Mythos der Moderne angesehen. Meist von Traumverweigerern der ersten Kategorie.

Maria K. gab nun regelmäßig ihre geträumten Träume an der Traumabgabestelle der Gerda H. Mayer ab, und mit der Zeit sammelte sich eine beträchtliche Anzahl von Träumen an. Sehr langsam erkannte sie, dass ihre Träume immer um ein ähnliches Problem kreisten, und mit der Zeit konnte sie mit den verwirrenden Träumen angstloser, einvernehmlicher, manchmal sogar spaßig umgehen. Nach vielen Anläufen löste sie ihr Traumdepot schließlich auf und nahm sämtliche abgelegten Träume wieder mit. Sie wollte sie dort nicht einfach liegen lassen, sie gehörten ja nun ihr, zu ihr.

Ihr ging es so wie vielen Träumenden der Traumabgabestellen. Zuerst kommen die meisten, um ihre Träume loszuwerden, sie nie mehr zu sehen – weg, weg, nur weg –, aber dann, nachdem sie ihre Traumsammlung angeschaut haben, sie genau betrachtet, sortiert, eingeschätzt haben, wollen die meisten ihre gesammelten Träume wieder zurück. Nur selten wird die Eliminierung der Träume verlangt. Warum denn auch, wenn man mit ihnen jetzt umgehen, mit ihnen leben kann?

Literatur:

S. Freud, *Die Traumdeutung*, Wien 1900.
M. Reich, *Aus der Traum. Die Eliminierung*, Luzern 1934.
R. Möchlig, *Der Traumstolz*, Stuttgart 1967.
Z. Müller, *Das überlaufende Traum-Depot*, Heidelberg 1996.
T. Gellert, *Die Geschichte der Traumabgabestellen*, Hamburg 1997.
P. Puder, *Die Suche nach dem richtigen Traum*, Berlin 1999.
M. Schredl, *Traum*, München 2008.

Was ist das Museum der Unerhörten Dinge?

Ein Nachwort

Das Museum wurde 1997 als eine temporäre Kunstausstellung in der Dresdner Galerie Raskolnikow gegründet und hat seit dem Jahr 2000 seinen festen Sitz in der Crellestraße im Berliner Stadtteil Schöneberg.

Das Museum der Unerhörten Dinge ist eine literarische Wunderkammer, es ist ein Möglichkeitsraum, in dem haptische Dinge durch eine ihnen zugedachte, zugeordnete Erzählung ein museales Narrativ, eine museumswürdige Erzählung bekommen. Es ist ein Projektionsraum, in dem sich die Besucher*innen, Leser*innen in ihrer eigenen verzauberten Welt wiederfinden können. Es ist ein begehbares, lesbares Buch.

Das Museum der Unerhörten Dinge entspricht den Kriterien des ICOM, des Weltverbands der Museen, es gibt einen allgemein zugänglichen Ausstellungsraum, regelmäßige Öffnungszeiten, wissenschaftliche und pädagogische Arbeit, es unterhält ein Museumsdepot mit noch Unerhörten Dingen. Das Museum nimmt an allgemeinen Museumsaktivitäten teil, wie dem Internationalen Museumstag oder der Langen Nacht der Museen; es finden regelmäßige Veranstaltungen und Sonderausstellungen statt, und es wirbt wie alle Museen mit einem Highlight, einem Superlativ: Es ist das bestbesuchte Museum Berlins, vielleicht Deutschlands, wenn man die Anzahl der Besucher zu den Quadratmetern des Museums in Beziehung setzt.

Im Ausstellungsraum sind die aktuellen Exponate zu sehen und die ihnen zugeordneten Erzählungen zu lesen. Im Museumsdepot, das unregelmäßig für die Besucher geöffnet ist, befinden sich über fünfhundert nach ihrem Gewicht geordnete, sortierte Unerhörte Dinge; Dinge, die noch nicht erhört wurden, denen bisher nicht zugehört wurde, deren Geschichte noch in keine Unerhörte Erzählung mündete.

Alle Dinge/Exponate des Depots sind Fundstücke, mit denen ich ein Ding laufen habe, mit denen mich ein subjektives Erlebnis, ein persönliches Erinnern, eine Bewunderung verbindet. Dadurch, dass ein Ding und ich eine Verbundenheit haben, dass ein x-beliebiges Ding bei mir Begeisterung hervorruft, meine »freischwebende Aufmerksamkeit« aktiviert, ist es noch kein offizielles Museumsding. Erst wenn es zu erzählen beginnt, seine Geschichte preisgibt und damit eine über meine persönliche Zuneigung hinausgehende Bedeutung bekommt, wird es als Erhörtes Exponat Teil der Ausstellung und erhält seinen Text, es wird museumswürdig. Bis dahin bleibt jedes Ding als subjektives Ding im Depot.

Aber nicht nur reale Dinge kommen in diesem Museum vor, sondern auch Sprachliches, Geschehenes in dem Sinne, in dem man oft sagt: »Das ist ein Ding!« Oft sind es Dinge des Zufalls, die mir auffallen, die ich in Augenschein nehme. Es ist aber nicht so, dass ich etwa zum Trödler gehe und mir irgendetwas aussuche, die Dinge finden vielmehr mich, bezaubern mich, ziehen mich in ihren Bann und plappern manchmal sofort alles heraus, als ob sie nur darauf gewartet hätten, gefunden und entdeckt zu werden und ihre Geschichte zu erzählen. Das sind die einen, die Plappermäuler, die anderen sind die Schweigsamen, oft auch Verstockten. Sie schweigen manchmal Jahre vor sich hin, müssen erst Vertrauen schöpfen, machen mehrere Anläufe, um dann wieder in Schweigen zu verfallen und später doch noch, vielleicht erst bruchstückhaft und langsam, bald aber immer mehr von ihrer Geschichte preiszugeben und mir anzuvertrauen.

Das Museum, das Museumsdepot ist in gewissem Sinne keine Sammlung, es existiert kein Sammlungsgebiet, -sinn, keine Sammlungsaufgabe, es ist keiner übergeordneten Ordnung unterworfen. Die Sammlung des »Museums der Ungehörten Dinge« ist bereits vorhanden, sie ist vor der Tür des Museums, die vollständige Museumssammlung ist außerhalb des Museums zu finden, es sind alle, sämtliche Dinge überall – dort ist das Universalmuseum, nicht eingeschlossen, nicht bewacht von Sicherheitspersonal. Es ist vorhanden, für jeden Menschen greifbar, begreifbar, verfügbar.

Ein zweiter Grund, warum das »Museum der Unerhörten Dinge« keinen Sammlungsanspruch hat, ist, dass ich glaube, dass jede Sammlung nach ihrer Vervollständigung strebt. Da aber keine Sammlung, kein Sammler sicher sein kann, alles zu haben, dominiert das Gefühl des Mangels. Ich stelle mir Sammler in einem permanenten Zustand der Insuffizienz vor, in einem Zustand der Entbehrung, der Unzulänglichkeit, und im Prinzip unglücklich.

So empfinde ich mich als Finder, im Sinne des »Sachensuchers« (Pippi Langstrumpf), der mit den gefundenen Dingen eine Freund- oder eine Bekanntschaft eingeht, mit Sachen, die bei mir lustige, quatschige und oft nachdenkliche Assoziationsketten auslösen.

Eine mir immer wieder gestellte Frage, vielleicht die meistgestellte ist: »Stimmen diese Geschichten? Sind sie wahr?« »Das müssen Sie selbst entscheiden«, ist oft meine Antwort. »Sie könnten doch stimmen!?«, manchmal füge ich hinzu: »Bedenken Sie, dass das Museum zwischen der Hausnummer fünf und sechs untergebracht ist.«

Keine einzige der Geschichten, keine den Dingen zugeeignete Erzählung sind Fake News, Lügen, keiner der Texte gibt sich als Wahrheit aus. Das »Museum der Unerhörten Dinge« ist ein Ort des »Es könnte auch anders sein«. Seit es die Menschheit gibt und die Fähigkeit zur Reflexion über das Vorgefundene, gibt es die Sehnsucht nach Phantasieräumen, Räumen, die jenseits des Realen, des Alltäglichen sind. Es ist die Aufgabe der Literatur, der Musik, der Kunst, diese Möglichkeiten auszuloten, Räume jenseits des Realen zu schaffen, sie aber nicht als Handlungsanweisungen, als wahr auszugeben.

Oft verwechseln Verantwortungsträger ihre Arbeit mit der Profession der Kunst und geben eingebildete Realitäten, Phantasien, Verdrehungen als Fakten aus, leugnen wissenschaftliche Erkenntnisse. Dies ist Lüge, das sind Fake News auf Kosten von Millionen von Menschen, Lügen für den eigenen Vorteil, sei es für Macht oder/und Geld.

Die Leserinnen, die Leser der Erzählungen dieses Buches, die Besucher*innen des Museums haben die Möglichkeit, die Geschichten in ihre Welt der Phantasie mitzunehmen, sich daran zu erfreuen, weil sich das Reale und das Fiktive nicht so einfach trennen lassen, genau wie bei der 40.000 Jahre alten Skulptur »Der Löwenmensch« im Museum zu Ulm, bei dem einem Menschen ein Löwenkopf gewachsen ist. Die Kunst – die Literatur, die Fiktion, die Phantasie – ist dazu da, die Wirklichkeit auszuhalten, daher ist sie verdammt notwendig, lebensnotwendig, und sie braucht geschützte Räume, Kunstmuseen, Konzertsäle und Bücher, in denen sie behütet wird. Und jeder, der eigene Phantasieräume als das einzig Reale ausgibt, ist ein Gegner der Kunst und ein Gegner der Wissenschaft. Die spielerische Kunst ist der natürliche Partner der strengen Wissenschaft, sie leugnen sich gegenseitig nicht, im Gegenteil.

In diesem Sinne sind die Texte des Museums zu lesen und zu verstehen. Sie führen in den Menschen, die sie lesen, ihr eigenes Leben weiter.

Roland Albrecht

Lesen Sie weiter

Markus Krajewski, Harun Maye (Hrsg.)

Böse Bücher

Böse Zungen behaupten, dass böse Buben nichts als böses Blut verursachen. Was aber sind böse Bücher? Das Gegenteil vom viel zitierten guten Buch? – Eine neue Sichtung der Literaturgeschichte von De Sades »120 Tagen von Sodom« bis zu Bonsels »Abenteuern der Biene Maja«.

Klappenbroschur. 256 Seiten

Brigitte Kölle, Claudia Peppel (Hrsg.)

Die Kunst des Wartens

Niemand wartet gern. Doch wer entscheidet, ob und wie wir warten? Angespannt oder resigniert, geduldig oder zuversichtlich? Schätzen wir Dinge mehr, auf die wir lange gewartet haben? Die Bilder und Texte dieses Buches vermitteln eine Fülle von Ideen und Einblicken.

Großformat. Klappenbroschur. 168 Seiten mit vielen Abbildungen

Vittorio Magnago Lampugnani

Bedeutsame Belanglosigkeiten

Kiosk, Straßenlaterne, Abfalleimer, Gullydeckel – der Architekturhistoriker Lampugnani schenkt den scheinbar bedeutungslosen Dingen Aufmerksamkeit. Er erzählt ihre Geschichte(n) und erklärt, warum sie so wichtig für das Stadtbild sind.

Großformat. Klappenbroschur. 192 Seiten mit vielen Abbildungen

Adriano Sofri

Kafkas elektrische Straßenbahn

Menschen verwandeln sich in Insekten – aber wie wird aus einer Straßenlampe eine Straßenbahn? Und woher kommt das Licht in Gregor Samsas Zimmer? Adriano Sofris literaturwissenschaftliche Detektivgeschichte ist eine charmante Liebeserklärung an das Lesen und die Lust am Text.

Aus dem Italienischen von Annette Kopetzki
Klappenbroschur. 160 Seiten

Wenn Sie mehr über den Verlag und seine Bücher wissen möchten, schreiben Sie uns eine Postkarte oder elektronische Nachricht (mit Anschrift und E-Mail). Wir informieren Sie dann regelmäßig über unser Programm und unsere Veranstaltungen.

Verlag Klaus Wagenbach   Emser Straße 40/41   10719 Berlin

www.wagenbach.de   vertrieb@wagenbach.de